現代ヘブライ語における前置詞の重要性

ヘブライ語の歴史と発展に関する一考察

アダ タガー・コヘン

LITHON

はじめに

　この度は、『現代ヘブライ語における前置詞の重要性──ヘブライ語の歴史と発展に関する一考察』をお手にとっていただき、まことにありがとうございます。表紙をごらんになって、もしかしたら語学書ではないのではないかと思われた読者もおられるかもしれませんが、本書はヘブライ語の前置詞を主題とする語学書です。著者本人による英語版ハンドブック[1]をもとに、日本語話者のための大幅な加筆と説明を加えて出来上がった新たな日本語版となっています。表紙写真はイスラエルの学校での現代ヘブライ語授業の一場面で、1960年代に撮られたものです。この写真に切り取られた光景から、ヘブライ語がイスラエルで普及していく時代の香りを少しでも感じていただければ嬉しく思います。

　本書の目的はおもに二つで、ひとつは、前置詞を含めた現代ヘブライ語のありようの背景として、ヘブライ語という言語の歴史と発展を知っていただくことです。もうひとつは、今日のヘブライ語での前置詞の用いられ方を紹介することですので、日常生活や新聞、学術書、小説などから多くの例を引き、日本語訳とあわせて掲載しています。

　本書の構成としては、まず第1章で、1世紀あまり前に復活した現代ヘブライ語の状況をみわたし、次に第2章で、聖書期から今日までのヘブライ語の歩みをたどります。これ以降は前置詞に焦点を移し、現代ヘブライ語の前置詞の形態を紹介する第3章、使用頻度の高い前置詞の変化形と実際の語用例を挙げる第4章へと続きます。第5章は全体の約3分の1を占め、

---

[1] Ada Taggar-Cohen, *Hebrew Prepositions– A Handbook for the Study and Practice of Modern Hebrew Prepositions* (Jerusalem: Academon, 2000).

本書の中心になっていますが、そこでは今日使われている現代ヘブライ語のおもな動詞を 600 以上取り上げました。ひとつひとつの動詞の不定詞形と前置詞を組み合わせて見出しを作成し、全ての見出しにひとつ（ないしはそれ以上）の文例を挙げています。これらの文例は、実際の日常会話や新聞記事、現代ヘブライ語文学をリサーチして、おもにそこから材をとったものです。ヘブライ語文の日本語訳にあたっては、日本語の文法と構文に配慮しつつも、ヘブライ語文の中身を遺漏なく精確に伝えるように留意しました。ヘブライ語と日本語では文章の語順がどうしても異なるので、単語を一対一で対応させて置き換えるのではなく、文章を全体として把握することを重視しています。第 6 章では、前の第 5 章の実際例も参照しながら、より構造の複雑な長文の構成に取り組み、どの前置詞を選択すべきかを示しました。本書末尾には、参考文献表と例文検索に便利な索引を載せています。索引は 3 種類あり、ヘブライ語動詞不定詞索引とヘブライ語語根索引、ならびに日本語動詞表現索引となります。

　本書刊行までの道のりは実に長いものでした。出版企画は石黒（大岩根）杏里博士の協力のもとで始動し、中心となる第 5 章のヘブライ語文の日本語訳には、2004 年から 2007 年にかけて杉村裕美さんが着手しました。第 5 章の訳文は、さらに飯田健一郎さんによる改訳と修正を経て、最終段階として辻田真理子先生からのご教示も賜りました。第 5 章全体の編集はドロン・B・コヘン博士が担当しておられます。その他の部分の日本語訳と全体の最終編集は宮田玲博士によるもので、本書の出版準備にもご助力いただきました。校正にあたっては、山本孟博士とシラ・M・コヘンさんから有益な助言を多々頂戴いたしております。そして何より、リトン社の大石昌孝さまには、日本語とヘブライ語という書字方向が逆の 2 言語を一冊にまとめるという大変な困難をお引き受けいただき、出版へと至りましたこと、感謝の念にたえません。皆さまのご尽力に心より厚く御礼申し上げます。

はじめに

　本書は、著者が 30 年以上にわたって第二外国語として現代ヘブライ語を教授してきた成果です。そして、その半分の年月は日本での経験です。本書のねらいはもちろん、前置詞という文法的な主題に関する手引きとなることですが、同時に、現代ヘブライ語を必要とする日本の学生や研究者にとって何らかの助けとなれば幸いです。

　なお、本書の刊行につきましては、2017 年度同志社大学研究成果刊行助成の補助を受けました。

同志社大学神学部神学研究科教授
アダ　タガー・コヘン

ヘブライ語の母音符号および表記に関して

　本書では、母音符号を含めたヘブライ語の表記に関して、以下のように取り決める。
1）第4章の前置詞変化形一覧と、第5章の文例見出しに限り、母音符号を付す。
2）補助的な母音として וや י を用いた完全表記（plene-form）を採択する。これらの補助的な文字を含む表記は、ヘブライ語を母音なしで早く読めるように学ぶ際も、ネイティブ・スピーカーであるイスラエル人がテクストをつづる際も使われている。
3）強ダゲシュは母音符号として用いられるが、弱ダゲシュは בּ、פּ、כּ にのみ付される。
4）第5章では、動詞の不定詞を見出し語として、語頭の לְ をのぞいたアレフベート順に文例をならべる。たとえば、בָּנָה という動詞はアレフベート順で ב の項にある לִבְנוֹת を探せばよいし、כָּתַב という動詞はアレフベート順で כ の項にある לִכְתּוֹב を引けばよい[2]。

---

[2]　20世紀における現代ヘブライ語母音符号の原則の曖昧さについては、以下の2人の研究者の歴史的論考を参照せよ。Amir E. Aharoni, "Vocalization of Modern Hebrew", Hannah Neudecker, "Vocalization of Modern Hebrew and Colloquial Pronunciation", in *Encyclopedia of Hebrew Language and Linguistics* (eds. Geoffrey Khan et.al.; Leiden-Boston: Brill, 2013), それぞれ 944−951, 951−953.

目　次

はじめに 3

第１章　現代ヘブライ語―国の言語
——「イスラエル社会」を求めて—— 9
1. 国の言語としてのヘブライ語の黎明 9
2. 社会集団と文化的統一性 10
3. 新たな国としてのイスラエル社会のアイデンティティは
いかにして創出されたか？ 12
4. 現代ヘブライ語の発展におけるメディアおよび出版の位置 15
5. 今日のイスラエルの学校での現代ヘブライ語 16
6. ユダヤ人の言語としてのイディッシュ語とラディノ語の事例 16
7. まとめ 17

第２章　聖書ヘブライ語から現代ヘブライ語へ
——現代ヘブライ語のルーツとその歴史的展開—— 19
1. 序 19
2. 聖書ヘブライ語の学習 20
3. 多層的な言語としての現代ヘブライ語 21
4. 現代ヘブライ語と聖書ヘブライ語にはどれほど差異があるか？ 29
5. 現代ヘブライ語は異なる言語なのか？ 32
6. 21 世紀のイスラエルにおける現代ヘブライ語 34
7. まとめ 38

7

第 3 章　ヘブライ語の動詞と前置詞の対応　　　　　　　　40
　　　　1. 近年の研究にみる前置詞　　　　　　　　　　42
　　　　2. 現代ヘブライ語における前置詞の使い方　　　43

第 4 章　前置詞変化形一覧　　　　　　　　　　　　　　46
　　　ל בְּ אֵת עִם עַל אֶל מִ/מֵן עַל-יָד אֵצֶל בֵּין בִּשְׁבִיל בְּעֶצֶם לִפְנֵי אַחֲרֵי

第 5 章　前置詞を用いた文例とその特徴　　　　　　　　60
　　　　1. 前置詞を用いた文例　　　　　　　　　　　　60
　　　　2. 前置詞使用時のいくつかの特徴　　　　　　163

第 6 章　文中での前置詞の選択と適用　　　　　　　　168
　　　　1. 適用例①–⑯　　　　　　　　　　　　　　168
　　　　2. 適切な前置詞選択例　　　　　　　　　　　187

参考文献・研究の手引き　　　　　　　　　　　　　　　191

索　　引
　　　ヘブライ語動詞不定詞索引（第 5 章）　　　　　　200
　　　ヘブライ語語根索引（第 3–5 章）　　　　　　　　210
　　　日本語索引（第 5 章）　　　　　　　　　　　　　216

第1章

現代ヘブライ語―国の言語
――「イスラエル社会」を求めて――

　本章では、ここ1世紀あまりの現代ヘブライ語の発展をみていくこととしたい。現代ヘブライ語の前置詞が本書の本来のテーマだが、まずは現代ヘブライ語の背景としてのイスラエル社会を広く視野に含めておきたいと思うからである[3]。

1. 国の言語としてのヘブライ語の黎明

　筆者が子供時代をすごしたのは1960年代のイスラエルだが、当時、あくまでも重視されていたのは新たなイスラエル社会の創出であった。さまざまな文化的背景をもつさまざまな人びとを、イスラエルというひとつのアイデンティティをもって、社会へまとめ上げることが目的とされたのである。統一的な社会の創造というこの課題のためには、すべての人と通じ合える言語

3　本章は、2011年10月に京都・同志社女子大学で開催された日本ユダヤ学会における「聖書ヘブライ語と現代ヘブライ語―アイデンティティーの探求」という題目での講演内容を元にしている。この1世紀の現代ヘブライ語復興をイデオロギー的方針の所産とみなす見解について、さらに詳しくは以下の文献を参照のこと。Bernard Spolsky and Elana Shohamy, *The Languages of Israel: Policy, Ideology and Practice* (Bilingual Education and Bilingualism 17, Baffalo- New York: Multilingual Matters, 1999). とりわけ近代におけるヘブライ語の発展に関する最新の文献は次の通りである。Lewis Glinert, *The Story of Hebrew* (Library of Jewish Ideas; Princeton University Press, 2017).

が必要となる。ヨーロッパ系のユダヤ人にとってもアラブ諸国から来たユダヤ人にとっても、ユダヤ人という土台部分でのアイデンティティを与えてくれる共通の言語があるとすれば、それはヘブライ語ということになるだろう。統一的な社会の新たな創設は、意思疎通がとれて互いに信頼し合えるという基本的な文化的関係性があればこそ可能となる。この文化的関係性にとって欠くことのできない部分を、イスラエルではヘブライ語という言語が引き受けたのである。ヘブライ語がイスラエル建国以前からすでに移住者の共同体であるイシューブで着々と普及し始めていたことは疑うべくもないが、建国によってさらに推進力を得ることとなる。

　ヘブライ語は、離散（ディアスポラ）のユダヤ人共同体と歩みをともにしてきた多層的な言語である。しかし、イスラエルという新たな国においては、アイデンティティの探求という点を強調したい。この点こそ、ここ1世紀にわたるヘブライ語の発展と大いに関係している。ヘブライ語を使うことによってイスラエル人にはいわば自由の意識が生じたのであり、このことをひいては前置詞の用法をみていく際にも留意したい。

2. 社会集団と文化的統一性

　人間集団には、いかにして、社会組織の中に国民として統合されているという意識が生じるのだろうか。建国当時のイスラエルは明確なアイデンティティを備えた国家的統一体としては定義づけられず、さまざまな文化の入り混じった状態にあることは明らかであった。そこで、指導者層によって提起された問いとは、「異なる出自と文化的背景をもつ200万の人びとに、一致したアイデンティティをもたらすことはいかにして可能か」というものであった。

　この問いには、どこよりもまず政府が先頭に立つかたちで応対し、教育を最優先とするという回答が出された。ここには成人の教育も含まれており、学校教育の組織づくりにはとどまらない。

　歴史研究では周知のことだが、文化的アイデンティティの重要な基盤となるのは言語である。もろもろの文化が人類の歴史を通して消え去ったが、

その多くは言語の話し手を失ったためである。シュメール語、アッカド語、ヒッタイト語などの言語が用いられていた古代近東の状況もかくのごとしであった。ヘブライ語は言語が用いられ続けてきた希少な例であるが、それは話し手が歴史を通じてずっと存在したからである[4]。筆者の考えでは、ヘブライ語という言語が生き抜いた事実を、書き残されてきたことに求める想定は的を射たものではない。そうではなくて、ヘブライ語は、話し続けられるというまさに言語の使用によって生き抜いたのである。書き記されたテクストとそのことばを使って話すことの間には相互関係が保たれ続けた。テクスト学習のときを中心として、祈りのときにもまた、ヘブライ語を話したユダヤ人は世界中にいたであろう。書き記されたテクストは学習とやりとりの土台になった。たとえ一定のエリート層に限られたことだったとしても、ヘブライ語は、絶えざる議論を核とする学習を通じて保持され、さらに書き継がれていく。こうして維持されてきた文化を、ユダヤ文化ではなくヘブライ文化とよびたい。つまり、宗教儀礼的な営みの上に立つ文化というより、話したり書いたりする言語の上に立つ文化ということである。宗教的な儀礼は、世代を超えて解釈され続けてきたテクストの学習と議論を踏まえて営まれたのであった。

20世紀になって、ヘブライ語は新たな段階に入った。このヘブライ語は広く行きわたって人びとに使われるようになった生きた言語であり、それを研究者によっては現代ヘブライ語（Modern Hebrew）ではなく「イスラエル・ヘブライ語（Israeli Hebrew）」とよぶ。これこそが今日のイスラエルの新聞やテレビや文学で使われている言語である。

4　今日のシリアにおいてごくわずかな共同体で用いられているアラム語を含めることはできるかもしれない。

3. 新たな国としてのイスラエル社会の
アイデンティティはいかにして創出されたか？

a）イスラエルに移り住んだ成人に対する特別な教育

　筆者自身の家族を例にとると、両親ともイスラエル生まれではなく、1948年に16歳と17歳でイスラエルに移り住んだ。二人ともイスラエルに来る前はヘブライ語を知らず、イスラエルに移った後、ウルパンとよばれるヘブライ語学校でことばを学んだ。ウルパンでは、移り住んできた者たちに対し、ヘブライ語をヘブライ語のみで教えていた。父はヘブライ語をしっかり習得して学術的な水準での読み書きができるようになり、母もきわめて洗練されたヘブライ語の言い回しを身につけるまでになった。筆者が生まれたのは、両親が二人とも若く、やる気に満ち溢れていた24歳と25歳のときである。両親は異なる言語と文化をもつ異国からやって来たが、家ではヘブライ語でやりとりし、ヘブライ語の新聞やラジオを日常的に見聞きしていた。かくて両親とも、まさにひとつの共通言語を手にしたことによってイスラエル人となったのである。

b）初等教育

　1951年、イスラエルの国会であるクネセットにおいて、ダヴィド・ベン・グリオン（David Ben Gurion）首相のもと、6歳から13歳までの義務教育を施行する法律が通過した。イスラエルの学校は初等学校8年間と高等学校4年間とにふり分けられ、義務教育は無料とされた。すべてのイスラエル人は学校に通うことができるようになり、教育が保証されることとなった。また、コア・カリキュラム（学習の核となる義務的課程）が全学校に課され、その結果として、新世代の子供たちはイスラエル人であるというアイデンティティをもって育つこととなった。

　若いイスラエル人の知識と精神はコア・カリキュラムによってかたちづくられていったのだが、それではそのカリキュラムとはどのようなものであったのだろうか。カリキュラムの最重要部分は、基礎数学や生物学とならんで

人文科学であった。毎週、少なくとも 10 時間以上のヘブライ語の授業が、聖書や文学、文法などのテーマのもとに設定されていた。

　ヘブライ語聖書の授業には、聖書の物語に材をとった特別な教科書が学年ごとに用意された。聖書は宗教的なテクストとしてでなく、つまり祈りの書ないしは神との関係を保つための教えとしてではなく、歴史的なテクストとして取り上げられた。まったくのところ、聖書はユダヤの人びとの過去を記したものであり、イデオロギー上はユダヤ国家が存在する権利を授けてくれるものであった。教材には、ミシュナやアガダー、タルムードからとったヘブライ語テクストが用いられた。カリキュラム全体の目的はイスラエル人であるというアイデンティティをもたらすことにあったが、上記のごとくの多層的なヘブライ語テクストはその資料的根拠の役割を大いに果たしたのである。

　このような状況のもとで、子供たちはさまざまな時代層のヘブライ語と触れ合うこととなった。その世代にとってはヘブライ語が生まれもった言語であり、第二言語として教える必要はなかった。家庭内で親がほかのことばを話していたとしても、学校で子供たちがヘブライ語以外の言語を口にすることはなく、ヘブライ語だけでやりとりをした。

ｃ）ヘブライ語聖書とイスラエルの教育

　ハレディームとよばれるユダヤ教超正統派とアラブ系市民をのぞいて、一般的なイスラエル社会ではヘブライ語聖書は最も重要な位置にあった。聖書は歴史的テクストとして教えられており、学校では国内の修学旅行で聖書に登場する場所を訪れた。ヘブライ語聖書はユダヤの人びとの歴史についての記述であるという新たな任を得て、イスラエルのあらゆる場所にはアラブ的な地名でもオスマン・トルコ的な地名でもない聖書にちなんだ地名が国によってつけられた。イスラエルにおいてユダヤの人びとが独自の生き方を取り戻すにあたって、聖書からはそのための枠組みと、もちろんのこと言語がもたらされた。

d）ユダヤの祝祭の学習

ユダヤの祝祭の学習も教育に採り入れられた。ただし、祝祭の宗教儀礼的な手順を子供たちに教えたのではなく、それぞれの祭を親族の習慣と伝統にのっとってどのように祝うかは各家庭の自由裁量に任せられていた。学校では、祝祭の歴史的な意味と、イスラエル人であるというアイデンティティにとっての大切さが伝えられた。聖書テクストに由来するユダヤの祝祭については、その箇所を注解書やミドラシュとともに学ぶが、祝祭の儀礼的な執り行ない方が教えられたわけではない。特に重要視される祝祭もあり、中でも、冬のハヌカ（宮潔めの祭）と夏のシャブオート（七週の祭）は最も重要なものとみなされた。ともに軽々しくは扱われず、宗教的な意味合いを薄めた国民の祝祭として格づけられた。

e）青少年運動

学校だけでなく、青少年運動（youth movement）もまた学びの場であった。青少年運動とは、さまざまなイデオロギー的母体から生じて大いに発展した制度で、子供たちはその教育的な取り組みの恩恵にあずかることとなった。

土地に関する知識と愛を深める場として、青少年運動は非常に重要な役割を果たす。子供たちは、イスラエル国内の周遊旅行やさまざまなキブツでのボランティア活動を通して、イスラエルの中のいろいろな土地になじみを深めていった。青少年運動による旅行には何と費用を払わなくともよかったのである。

決してヘブライ語環境がととのっている家庭ばかりではない中、青少年運動のような若者に対する社会的仕組みを通じて、言語をとりまく状況は充実していくこととなる。通常週に一度の青少年運動では歌をうたう時間が大切にされたが、歌からは新しい言い回しが生まれ、新たな言語の創出につながった。

また、青少年運動はイデオロギー教育に大きくかかわっていて、学校教育を補完するものでもあったため、イスラエル政府によって学校教育と同様に

援助を受けた。質の高い授業を後押しするべく、辺境地域への優秀な教師の派遣は強く支援された。いわば使命ともいえる意識に支えられ、教師は重要性を受けとめてこの活動に取り組んだのである。

4. 現代ヘブライ語の発展における
メディアおよび出版の位置

　ラジオと新聞は、イスラエルにおける現代ヘブライ語の伸展にきわめて重要な役割を果たした。これらは何よりもまず新しい用語法を推進し、広く知らしめるための手段であったが、同時に、ヘブライ語による詩と文学の発表の場にもなっていた。本を買う余裕がない人びとでも新聞なら買うことができたからである。シャバット（安息日）前の金曜日の新聞はとりわけ重要であった。イスラエルのユダヤ人の時事的な関心ごとに目を向ける作家や詩人たちは、そこに作品を寄せた。ナタン・アルターマン（Nathan Alterman）は、中でも興味深く、重要な一例だろう。

　アルターマンはポーランドに生まれたが、幼少期に家族とともにロシアへ移住してキシナウで暮らし、その後 15 歳になって一家でパレスチナへ移った。高校を卒業した彼は、1931 年からヘブライ語の詩と随筆を新聞に発表し始める。イスラエル建国以降、彼の詩には国民的で社会的な事柄のみならず個人的な事柄も取り上げられ、新聞紙上に毎週発表される作品はつねにイスラエルの現実に迫るものだった。彼は翻訳と著述に力を尽くし、現代ヘブライ語の発展に貢献した[5]。これは決してナタン・アルターマン一人に限ったことではなく、シュロンスキ（Shlonski）やレア・ゴールドバーグ（Lea Goldberg）らの名を挙げることもできる。彼らは子供向けの本や歌の歌詞も手がけており、子供たちのことばとイメージをはぐくむことにも一役買った。こういった作家たちによる著作や翻訳は高等学校の課程にも採用されることとなる。

5　ナタン・アルターマンについては、http://www.alterman.org.il を参照のこと。

5. 今日のイスラエルの学校での現代ヘブライ語

　日常的にヘブライ語の伝達メディアに触れることで、新世代はスムーズにかたちづくられていった。イスラエルの若い学生たちは、日常生活ではほぼヘブライ語を用いている。建国以来すでに第3世代に至っているが、イスラエルにはまだなお大規模な移住者の共同体が存在しているし、家庭内では生まれた国のことばを忘れずに使い続けているような家族はさらに多いかもしれない。だがいずれにせよ、皆がヘブライ語を身につけようとする。イスラエルの学校へ通いつつも家庭では別の言語を使う子供たちもいるが、彼らはバイリンガルであろうし、昨今そのような人びとは少なくない。かつては、ヘブライ語を身につけようとすることはイスラエルへ移り住んだ両親の言語を消し去ることだったが、現在ではもっと柔軟な態度でかまわない。イスラエル文化が国民に強制されるわけではないのである。

6. ユダヤ人の言語としての
イディッシュ語とラディノ語の事例

　イスラエルにおいてヘブライ語は他のいかなる話しことばよりも上位にあるが、建国前には、ヘブライ語をうながされても別の言語で話すことをやめない人びとが多くいた。何世紀にもわたって話し続けられたユダヤ人の言語はおもに二つである。ほとんどの東欧出身ユダヤ人が用いたイディッシュ語（古ドイツ語方言）と、1492年にスペインを追放されたユダヤ人が地中海諸都市にもたらしたラディノ語（古スペイン語方言）である。これら二つの言語は建国のずっと以前からパレスチナのユダヤ人によって使われており、さらに建国後は、これらの言語を話す何万というユダヤ人がイスラエルへ移り住んだ。それぞれの言語での新聞が数紙発行されるなど、ディアスポラの地と同様にイスラエルにおいても話し続けられることと思われた。しかし、とある重大な展開によって、これらの言語はほぼ消滅することとなる。つまり、イスラエル国民の間では、たとえどのような言語であってもヘブライ語

以外で話すことが暗黙に禁じられたのである。誰かがヘブライ語以外の言語で話し出そうとしたなら、周りの人びとはためらうことなく口を挟み、ヘブライ語で話すように要求したことだろう。

イスラエルでは、ラディノ語の話者はことばを子供に伝えることに固執せず、むしろヘブライ語に適応させるよう努めた。たとえ家庭内では話し続けていたとしても、次世代に教えるという目的はなかった。ラディノ語の新聞は1970年代に姿を消した[6]。イディッシュ語についていえば、ディアスポラの言語として、あるいはいっそう甚だしくはヨーロッパにおけるショアー（ホロコースト）にたおれた者たちの言語として、イスラエルの新世代からみなされるようになっていく。親たちはもはやイディッシュ語で話すことを子供たちに教えなくなった。ユダヤ教超正統派をヘブライ語でハレディームとよぶのだが、このハレディームの小さな共同体をのぞいては、一般的なイスラエル人共同体でイディッシュ語は使われなくなっている。今日では、イディッシュ語とラディノ語はユダヤの歴史と社会を織りなした過去の民俗の一部として、イスラエル国内のみならず世界各地の大学で研究される対象である。

7. まとめ

この1世紀あまりのヘブライ語の発展は、リーダー層の強い主導のもと、さまざまな文化的出自のユダヤ人たちに共有されるべきいわば国民語の探究の中にあり、ある意味で他の言語とはまったく異なる道をたどった。当初こそ教育水準の高いエリートが進んで用いたことで広がっていったが、やがていわゆる大衆言語となり、きわめて洗練されたレベルからきわめてくだけたレベルまでのさまざまな表現を豊かに増やしていくこととなる。このような変化は、今日のラジオや新聞の語彙にみてとることができる。

---

6 今日のイスラエルにおけるラディノ語の詳細については以下を見よ。アダ・タガー・コヘン「ラディノ語との出会い」『CISMORユダヤ学会議　ユダヤ人の言語、隣接文化との歴史的習合』第3巻、同志社大学一神教学際研究センター、2007、90-99頁。イディッシュ語についても、同誌掲載の論考を参照されたい。

さて、多くの言語では、思考を表現するためには首尾一貫した構文を生成することが肝要であり、それには動詞とその他の文成分をつなぐ連結要素を用いなければならない。現代ヘブライ語でも同様に、動詞に何らかの定まった意味合いを与えるべく前置詞を用いるのであり、本書ではその前置詞に特に焦点を当てて取り上げる。

第 2 章

聖書ヘブライ語から現代ヘブライ語へ
—— 現代ヘブライ語のルーツとその歴史的展開 ——

　筆者は、30年以上にわたって、ヘブライ語を母語としない学生に対して、聖書ヘブライ語と現代ヘブライ語を大学等のアカデミックな場で教授してきた。ヘブライ語は母の母語でも父の母語でもなかったが、筆者にとっては母語である。子供時分からヘブライ語以外にも数種の言語を聞いて育ち、そのうちのひとつは流暢に話すこともできる。しかし、ヘブライ語こそ、ラジオや新聞、ゲーム、友人を通じて筆者を取り巻いた言語であり、最初に読み書きを習った言語であり、夢の中に出てきて自分にとってしっくりくる言語である。今日、この言語は、イスラエル国内のみならず国外に暮らすユダヤ人にも使われている。

1. 序

　筆者は聖書ヘブライ語と現代ヘブライ語をともに教える研究者であるが、つねに同僚からたずねられる問いがある。「イスラエル国内でもいえることですが、とりわけイスラエル国外において、ヘブライ語話者ではない人にヘブライ語を教える場合に、聖書ヘブライ語と現代ヘブライ語のどちらを先に教えますか？」というものだ。筆者はきまってこう答える。「現代ヘブライ語から始めます。ヘブライ語を生きたことばとして体験し、ヘブライ語で会話ができるようになってから、さらにこみいった形態を含む聖書ヘブライ語を教えます」と。ならば、現代ヘブライ語は聖書ヘブライ語より単純な、または異なる構造をもつ言語なのか。もしくは、現代ヘブライ語は聖書ヘブラ

イ語ほど格調高い言語ではないということか。答えはある意味でイエスだが、まったくノーでもある。現代ヘブライ語とは、ヘブライ語という言語のひとつの段階である。ヘブライ語は、確かに変化しているとはいえ、基本的に聖書テクストから今日まで続く同じ言語であり、他の言語との接触をくり返しながら歴史的にいくつかの段階を経て今もその途上にある。ヘブライ語の核となるのは聖書ヘブライ語であり、聖書にみられる語彙と文法である。ただし、連続性を認めるこのような見解とは対照的に、最近では現代ヘブライ語を「イスラエル語（Israeli Language）」とよび、古代のヘブライ語と今日イスラエルで使われている現代ヘブライ語をはっきり区別しようとする研究者もある[7]。

2. 聖書ヘブライ語の学習

　たいていの非ユダヤ人研究者とヘブライ語の出会いは、聖書を初めて学ぶときの聖書ヘブライ語であるだろう。聖書ヘブライ語の学習では、多くの例外つきの文法的諸規則が大学やセミナーというきわめてアカデミックな場で教えられる。学生はたくさんの文法的形態を習得しなければならない一方、どのように発音するかは確信できないままになる。言語学者であるかのような言語の扱いを教わっても、もちろんのこと言語学者ではない学生がほとんどだ。近年、聖書文学協会 Society of Biblical Literature（SBL）のフォーラムで、聖書ヘブライ語をこのような方法で教え続けるべきなのかという点が取り上げられた。こういった議論では意見は二つに割れがちである。

　ウィリアム・P・グリフィン（William P. Griffin）は、この問題について最近 SBL フォーラムで『死語を断つ：聖書ヘブライ語教授法における母音記号重視に抗して』と題する長大な論考を発表し、大胆な変革を求めた[8]。グリフィンは、根本的な変革として、聖書ヘブライ語を教える際にマソラ式

7　近年この立場を積極的に主張しているのはギレアド・ズッカーマン（Ghil'ad Zuckermann）である。これについては注 24 で後述する。

8　SBL フォーラム（2007）での講演は次の通りである。William P. Griffin, "Killing a Dead Language: A Case against Emphasizing Vowel Pointing when Teaching Bib-

母音符号を強調しないことを提案したのである[9]。「そのように教えてみれば、なぜヘブライ語が『歯の立たない言語』とみなされるのか、なぜ脱落者がきわめて多いのかが、まるで腑に落ちなくなることであろう」と彼は述べる。現代ヘブライ語は母音なしで書かれるので、彼の提案に理がないわけではない。現代ヘブライ語を学ぶとき、学生たちは母音符号つきの読み書きを教わらず、せいぜい学習初期にいくつかの母音符号を用いるていどで、語学レベルを上げていく。イスラエル人の子供たちに初等教育初年でヘブライ語の読み書きを教える方法も、これと同様である。子供たちは母音符号なしでの学習につまづくことはない[10]。

聖書ヘブライ語は聖書を学ぼうとする学生にとっての入り口であり、ユダヤ学でも不可欠の能力とみなされる。近年、欧米およびオーストラリアではユダヤ学への関心が高まっており、新設学部では現代ヘブライ語の専門家が求められるが、そのような専門家はたいてい聖書ヘブライ語やそれ以降の時代のヘブライ語にも精通するはずだと思われている。今日の現代ヘブライ語のありようを理解するためにも、これまでのヘブライ語の発展の各段階について簡単に述べることとしたい。

3. 多層的な言語としての現代ヘブライ語

現代ヘブライ語は、数千年の歩みの中から、語彙、構文、文法、慣用表現を受け継いできた多層的な言語である。この言語は、イスラエルの地（今日では研究者によっては「東地中海地域（the Levant）」という術語が好ま

---

lical Hebrew". 以下の URL を参照のこと。https://www.sbl-site.org/publications/Article.aspx?ArticleId=675.

9 　最も有力な根拠は、「これらの母音符号体系は元からあったものではないし、歴史的な確証がない」ことである。このことは、たいてい母音符号のないところから始める現代ヘブライ語の学習が聖書ヘブライ語の学習にも効果的にはたらく、という筆者の主張の証左にもなる。

10 　どうやら逆の事情もあるようだ。子供たちと同様に教師たちも母音表記体系に通じておらず、あいまいで適当な母音の用い方をしている。

れる)において、生きた話しことばとして、また書きことばとして使われ始めた。以後2千年あまり、ユダヤ人が離散し、移り住んだ場所なら、世界中どこへでも広がっていくこととなる。それゆえ、ヘブライ語の歴史はユダヤの人びとの歴史と直結する。ヘブライ語はイスラエルとよばれた人びとの話しことばとしてカナンの地で生まれ、それ以後は日常言語でなくなったが、祈りと学問のことばとして何世紀にもわたって世界中のユダヤ人によって使われてきた。このヘブライ語が19世紀から20世紀にかけて、生きた話しことばとして復活した。今日、ヘブライ語はイスラエルの主要言語であり、アラビア語とならぶ公用語である。おもにイスラエルのユダヤ人が用いるが、世界中のユダヤ人やイスラエル人の共同体に暮らす人びとを合わせれば、およそ700万人がヘブライ語を日常言語としている[11]。

以下では、ヘブライ語がたどった歴史的な段階を追うことで、現代ヘブライ語の今日的な位置づけと、それ以前の段階からの変化をみていくこととしたい[12]。

第1段階—聖書ヘブライ語

ヘブライ語はおよそ3200年以上をさかのぼる言語であり、現存する最も古い碑文は紀元前1千年紀初期のものである。セム系言語のうちで北西セム語とよばれる言語群に属している。ヘブライ語は通常、カナン系言語のひとつとされるが、これはカナンの地(今日のイスラエルおよびレバノン)にちなんだ名称である。この地域では、フェニキア語、アンモン語、モアブ語、アラム語、エドム語といった他の言語も使われており、それらとの類似性も認められる。この後に続く数世紀、聖書ヘブライ語はアラム語の影響を

---

11 世界各地のユダヤ人共同体で現代ヘブライ語は青少年に対する教育の主要なものとみなされている。1990年までの世界のユダヤ人教育に関しては、H. S. Himmelfarb and S. DellaPergola (eds.), *Jewish Education Worldwide: Cross-Cultural Perspectives* (Lanham, Md.: University Press of America, 1989) を参照せよ。

12 今日的視点からのヘブライ語の概説は、Chaim Rabin and Ghil'ad Zuckermann, "Hebrew", in Glenda Abramson (ed.), *Encyclopedia of Modern Jewish Culture* (London: Routledge, 2005), 358-361 を参照。

受け、ユダヤ人の話しことばとしては最終的にアラム語がヘブライ語にとってかわった[13]。

近年、アンソン・レイニー（Anson Rainey）は考古学上の新しい発見や言語学的評価に基づいて、古代の聖書ヘブライ語はアラム語やモアブ語、アンモン語などを含むヨルダン川以東の言語群に属すると論じた。

> ヘブライ語、モアブ語、アラム語には、「ある・存在する」という特有の動詞がある。その語根は *HWY ／ HYY で、三人称での hûwa や hîya から導き出される。イスラエルの神の名・ヤハウェ YHWH は一見、使役にみえる動詞のかたちであるが、まさにその動詞に由来する。初期イスラエルの言語と宗教は明らかにヨルダン川以東（Transjordan）に起源を有しており、紀元前 12 世紀の半遊牧民の移動によってヨルダン川の地中海側へもたらされた[14]。

レイニーにしたがうなら、ヘブライ語とその話者の起源はヨルダン川よりも東の地域にあり、おそらくアラム語を話す部族と近縁関係にあったと考えられる。このことは、聖書の創世記 24 章 10 節、25 章 20 節、28 章 5 節、31 章 20 節以下などの記述からもうかがえる。この時代のヘブライ語には他の多くの言語と同じくさまざまな方言があったであろうが、今日のところ、聖書ヘブライ語の方言としては北イスラエル方言と南ユダ方言というおもに二つが想定されている。しかし、この二つの方言がどの程度別個のもの

---

13 聖書時代、またはそれ以前のヘブライ語史についての詳細は、A. Saenz-Badillos, *A History of the Hebrew Language* (tr. John Elwolde; Cambridge, 1993), 29-75. 特に、pp. 54-56 を見よ。

14 Anson F. Rainey and R. Steven Notley, *The Sacred Bridge: Carta's Atlas of the Biblical World* (Jerusalem: Carta, 2006), 112. ヨルダン川東岸の言語群とヘブライ語の関係を説く彼の主張については以下も参照せよ。A. Rainey, "Redefining Hebrew – A Transjordanian Language", *Maarav* 14.2 (2007), 67-81. なお、これには異論もある。Jo Ann Hackett and Na'ama Pat-El, "On Canaanite and Historical Linguistics: A Rejoinder to Anson Rainey," *Maarav* 17.2 (2010), 173-188.

であったかについての見解は一致しない[15]。その時代のヘブライ語に関する知識のほとんどは、ヘブライ語聖書と、考古学的な発掘によって得られるわずかな碑文からもたらされるのみである。なお、碑文に関する研究成果は近年充実しつつある[16]。

第2段階―聖書ヘブライ語からラビ・ヘブライ語へ

通常、ヘブライ語の歴史的段階は次のように分けられる。聖書ヘブライ語(あるいは古典ヘブライ語)、ラビ・ヘブライ語(あるいはミシュナ・ヘブライ語)、中世ヘブライ語、そして現代ヘブライ語(あるいはイスラエル・ヘブライ語)である。

聖書ヘブライ語はヘブライ語の核である。聖書ヘブライ語で記された聖典に基づいて、ヘブライ語は時代を超えて維持されてきた。時期や地域を異にするさまざまな聖書の写本が今日残されているが、これらの写本が基本的に同じで、ごくわずかな相違点しかないことは特筆すべきである。そのおもな理由はミシュナ時代(紀元後2世紀あるいはさらに早くか)の書記にあると考えられる。写本筆写とその教育に責任を負っていたのは書記であった。タルムードが書かれたテクストとなったおよそ7世紀頃、聖書テクストの筆

---

15 B. Halpern, "Dialect Distribution in Canaan and the Deir Alla Inscriptions", in David M. Golomb and Susan T. Hollis (eds.), *Working with No Data: Semitic and Egyptian Studies Presented to Thomas O. Lambdin* (Winona Lake, 1987); S. A. Kaufman, "The Classification of the North West Semitic Dialects of the Biblical Period and Some Implications Thereof", in *The Proceedings of the Ninth World Congress of Jewish Studies: Panel Sessions, Hebrew and Aramaic* (Jerusalem, 1988) 41-57; G. A. Rendsburg, "The Dialect of the Deir Alla Inscription", *Bibliotheca Orientalis* 50 (1993), 309-328; Idem, *Linguistic Evidence for the Northern Origin of Selected Psalms* (Atlanta, 1990) を参照のこと。

16 以下の文献を参照のこと。G. I. Davies, *Ancient Hebrew Inscriptions: Corpus and Concordance* (2 vols. Cambridge - New York, 1991-2004); F. W. Dobbs-Allsopp et.al., *Hebrew Inscriptions: Texts from the Biblical Period of the Monarchy with Concordance* (New Haven, 2005); Shmuel Ahituv, *Haketav Vehamiktav: Handbook of Ancient Inscriptions from the Land of Israel* (Jerusalem, 2005).

写に関する一連の規則が生み出され、書記は筆写の専門家となる。ラビ・ヘブライ語の時代には、聖書ヘブライ語に新しい語彙や表現が加えられ、ヘブライ語は学問的な目的のために特に使い続けられて発展した[17]。

紀元前4世紀から紀元前2世紀にかけて、イスラエルの地に暮らす人びとは次第にヘブライ語以外の言語を使い始める。おもにアラム語とギリシア語である。ディアスポラといわれる離散の身のユダヤ人たちは、もはや日常生活ではヘブライ語を使わなくなり、ギリシア語やアラム語への聖書の翻訳が求められることとなる。紀元後2世紀頃から、ヘブライ語は主として聖典の言語となり、学者の言語あるいは祈りの言語となっていく。

第3段階—中世ヘブライ語

ヘブライ語の第3段階は中世にある。紀元後7世紀から15世紀頃まで、ヘブライ語を用いるユダヤ人たちは二つの異なる宗教世界におかれていた。ひとつはイスラム世界であり、もうひとつはキリスト教世界である。西アジアから中央アジア、北アフリカ、スペインまでを掌中におさめたイスラムの支配下では、ユダヤ人共同体はアラビア語環境のもとで生活を営んでいた。他方、キリスト教世界のヨーロッパにおけるユダヤ人共同体は、ドイツ語、フランス語、ラテン語、イタリア語などのインド・ヨーロッパ語族諸言語の影響にさらされる。この時代、おもにイスラム世界でヘブライ語は著しく発展した。アラビア語文法からヘブライ語文法の創成がもたらされ、スペインのラビであったイェフダ・ハユージ（Yehuda Hayyuj）は最初のヘブライ語文法書をアラビア語でまとめた。後に、この書はラビであるアブラハム・イブン・エズラ（Abraham Iben Ezra）がヘブライ語に翻訳し（1140年頃）、ヨーロッパのユダヤ人共同体の知るところとなった[18]。

---

17 ミシュナ・ヘブライ語の発展の起源に関しては、G. A. Rendsburg, *Diglossia in Ancient Hebrew* (New Haven, 1990) を参照のこと。さらにミシュナ時代については、Saenz-Badillos, ibid., pp. 161-201 を見よ。

18 最近の詳細な研究では、D. Ginsburg, "Rabbi Moses Gikatila's and Rabbi Abraham Ibn Ezra's Translations of Rabbi Juda Hayyuj's Treatises – A Comparative Study" (M. A. Thesis, Bar-Ilan University, 2007) を参照のこと。

10世紀から13世紀には、スペインのユダヤ人共同体を中心として、世俗詩および宗教詩からなるヘブライ文学と哲学が繁栄した。他のヨーロッパ地域のユダヤ人共同体でも、たとえ日常的にヘブライ語で話すことはなくとも、おもに学びの中で用い続けていた。

　興味深いのは、宗教詩のピユート（*piyyut*）と宗教詩人であるパイタニーム（*paytanim*）のヘブライ語である。ピユートとはシナゴーグでうたわれる歌のことで、共同体の生活と深いかかわりがあり、聖典のミドラシュすなわち解釈でもあった[19]。東方で朗唱されたピユートのヘブライ語は、ラビ・ヘブライ語の時代のイスラエルのヘブライ語を継承しつつ、同時に多くの変革ももたらした。

　聖書のイスラエルの民の子孫を自認し、今日ではユダヤ人とよばれている人びとは、2千年弱にわたってヘブライ語を聖なる言語として守ってきたのであり、ヘブライ語は決して死語ではなかった。ユダヤ人の学者たちは、宗教的注釈や法的裁決、哲学、言語学、数学、詩の領域で、さらには私生活での意思疎通の手段としてもヘブライ語を使い続けてきたのである。

第4段階―ハスカラー時代のヘブライ語

　18世紀初頭、ヨーロッパでヘブライ語の発展にとって大きな転機が訪れる。これはヘブライ語でハスカラーすなわち啓蒙とよばれる時代であり、近代ヘブライ文学ルネサンスの時代でもあった。17世紀から18世紀にかけて、すでに近代的な小説や詩が新たにヘブライ語で書かれていたが、1783年にはユダヤの最初のヘブライ語新聞『ハ・メアセフ（*Ha-Me'assef*）』が発行される。ハスカラーの近代ユダヤ人にはユダヤ的な事柄をヘブライ語で表現する扉が開かれ、きわめて長い間テクストの中に凍結されていた言語には新

19　Ezra Fleischer and Abraham David, "Piyyut", *Encyclopedia Judaica* (second edition, vol. 16, 2007), 192-209 を見よ。以下のサイトも興味深い。http://www.piyut.org.il/about/english/. 初期のパイタニームは、すでに6世紀のイスラエルの地で記録されているが、おもにその後の10世紀から13世紀にかけて活躍し、ヨーロッパ大陸を中心に18世紀まで彼らの活動は続いた。新たなピユートは今日でもなお創作されている。

しい形態と語彙が与えられていくこととなる。モーゼス・メンデルスゾーン（Moses Mendelssohn）やナフタリ・ヘルツ（Naphtali Herz）といった当時の著述家たちは、聖書の様式の美しいヘブライ語を書きつつ、同時に新しい語彙も用いたのであった。ユダヤ人学者たちはユダヤの精神文化をより豊かにするために、一般的な知識を伝える多くの書物をヘブライ語に翻訳した[20]。その結果、以前のヘブライ語の層にはなかった新しい語彙が必要となった。また、ユダヤ人学者たちは聖書ヘブライ語、ラビ・ヘブライ語、中世ヘブライ語などの異なる時代層のヘブライ語を同一テクスト内で扱うようになった。これらのことが、19世紀から20世紀にかけての現代ヘブライ語再興につながっていく。

第5段階—現代ヘブライ語

19世紀のヨーロッパで、おもに東欧諸国のユダヤ人たちのもと、ヘブライ語への新たな取り組みが始動した。19世紀初頭から中ほどにかけてヨーロッパではナショナリズムの潮流に乗った政治的気運が高まり、国民国家的アイデンティティの意識が沸き起こる。この動きはヨーロッパ中のさまざまなユダヤ人共同体に暮らす若い知識人の心をとらえた。彼らは宗教にとどまらない国民的なユダヤ・アイデンティティを求め、ユダヤ的な集団や組織の設立を進めた。中でも、最も重要かつ影響力があったのがシオニズム運動である。公的には1897年に、テオドール・ヘルツェル（Theodor Herzl）によって提唱されたとされるこの運動は、当時パレスチナとよばれていた父祖の地であるイスラエルへのユダヤ人の帰還を掲げた。その地でならば、ユダヤ人は国を再建し、生活を営み、自分たちの文化遺産と宗教的習慣とアイデンティティを臆することなく維持できるだろう、と。ここで、国の実際的な存在如何にかかわらず、ユダヤ人の国民言語としてヘブライ語を復興することが急務となる。ユダヤのアイデンティティはユダヤ教によって本質的に民族性と宗教性の上に築かれてきたが、長い歴史を通じてひときわ嫌悪と暴力

---

20 Ezra Spicehandler, "Hebrew Literature", in Glenda Abramson (ed.), *Encyclopedia of Modern Jewish Culture*, (London: Routledge, 2005), 361-363.

にさらされたため、ヨーロッパのユダヤ人の多くがシオニズムを受け入れたことは理解にかたくない。ユダヤ・アイデンティティにとって確実な共通項のひとつは、あらゆるユダヤ人共同体で依然使われていた古代ヘブライ語であったが、まさにそれこそが宗教的アイデンティティよりもむしろ国民としてのアイデンティティ形成に不可欠な手だてとなっていく[21]。

　エリエゼル・ベン・イェフダ（Eliezer Ben-Yehuda）の功績は、現代ヘブライ語の新時代を切り開いたことにある。日常的なヘブライ語の使用こそ、イスラエルの地でユダヤ人が独自の生活を築くために欠かせない行程だとベン・イェフダは考えた。19世紀後半から20世紀初頭のヘブライ語文化の中心地は、当時オスマン帝国の一部でその後イギリスの委任統治下に入るパレスチナへ徐々に移っていた。当時のユダヤ知識人には、パレスチナに移り住み、ユダヤの言語を共有することでユダヤ・アイデンティティの復興を模索する者が増加しており、ベン・イェフダもその一人だった。ベン・イェフダがパレスチナへ渡ったのは1881年のことである。1890年には、復興したヘブライ語の新しい語彙や文法の振興のために、学識者による「言語委員会」（Va'ad Ha-Lashon）という組織が立ち上げられる。日常の話しことばとしてヘブライ語が復興するには、まず話したり書いたりするためのガイダンスや規則が不可欠だと多くの学者は考えたのだが、現代ヘブライ語は自然に規則を超えた生きたことばとなり、急速に発展を遂げる。ハイム・ローゼン（Haim Rosen）が1955年の著書『われわれのヘブライ語（*Ha-Ivrit Shellanu*）』で述べたように、イスラエルのヘブライ語には、インド・ヨーロッパ語族諸言語に影響された新しい構文や、移住者たちが持ち込んだそれらの言語の語彙が採り入れられた。サエンス＝バディロス（Saenz-Badillos）による一節を引用しよう。

　　ヘブライ語以外の言語が、ヘブライ語の発展にさらに内的な影響をおよぼす基層となった。古典期と比較するに、現代ヘブライ語は、聖典や典

21　19、20世紀のヘブライ文学の発展については、Ezra Spicehandler, ibid., pp. 363-367 を参照のこと。

礼のヘブライ語とさして密接な関係をもたない。公的な指針はあっても、文法規則を固めていったのは一般の話者であった。

今日、ヘブライ語は新しい段階に入ったのであり、これを「イスラエル・ヘブライ語」とよぶ学者たちもいる。このヘブライ語は広く使われるようになった生きた言語であり、今日のイスラエルの新聞やテレビや文学の言語である[22]。

現代ヘブライ語の学習者がよく抱く疑問は「ヘブライ語の正しい発音はどうなのか」というものだが、答えは「これもあれも正しい」となる。現代ヘブライ語は起源である言語と直接に接していないし、また、聖書ヘブライ語がいかに発音されていたかを実際に知る者もいない。イスラエル建国以来、さまざまな国から多くの人びとが移り住んで自分たちの母語の発音を持ち込んだ。発音は時代と場所によって決まるものなので、今なお変化し続けている[23]。

4. 現代ヘブライ語と聖書ヘブライ語にはどれほど差異があるか？

聖書のヘブライ語と現代ヘブライ語には約2千年のへだたりがあるため、これらを同一言語として扱ってよいかという点は問われる。昨今の研究者には、これら二つの段階を異なる言語とみなして差異を強調する著作が多い。ギレアド・ズッカーマン（Ghil'ad Zuckermann）は次のように述べる。

22　イスラエル・ヘブライ語（Israeli Hebrew）に関す概略は、Saenz-Badillos, ibid., pp. 272-286 を参照。

23　以下は最新の現代ヘブライ語文法に関する著書である。
- L. Glinert, *The Grammar of Modern Hebrew* (Cambridge, 2004).
- E. Amir Coffin and S. Bolozky, *A Reference Grammar of Modern Hebrew* (Cambridge, 2005).
- Eduard Yechezkel Kutscher (edited by Raphael Kutscher), *A History of the Hebrew Language* (Jerusalem: Magnes Press, 1982).

イスラエルで今日話されていることばは、セム語とヨーロッパ語のなかば人工的なハイブリッド言語である。この言語をどのように名づけようが、その複雑性を理解し、受け止めなければならない[24]。

聖書ヘブライ語は扱う主題が限られているので、特に21世紀を生きる話者には語彙の点での物足りなさがある。聖書の物語のほとんどが宗教的な事柄と行為に関係するからだが、だからこそ、聖書ヘブライ語は何世紀にもわたって聖なる言語とみなされてきたといえる。実際、ヨーロッパの正統派ユダヤ教徒たちは現代ヘブライ語の復興に首肯せず、エルサレムでのベン・イェフダの活動に強く反発した。今日でも、彼らはイスラエルにおいてさえ自分たち同士では現代ヘブライ語を話そうとしない。彼らはいわゆる聖なる言語の現代的発展を認めず、イディッシュ語や英語、フランス語などの他の言語でやりとりしている。語彙からいえば、現代ヘブライ語は聖書ヘブライ語からかけ離れているのだが[25]、現代ヘブライ語の話者はそれでも聖書ヘブライ語を容易に理解できるのだろうか。一般的にいえば、ほとんどのイスラエル人は聖書テクストを理解できる。ただし、語彙が変化したせいですべてを理解できるわけではない。ズッカーマンは語彙の変化に関する興味深い例として、エレミヤ書44章15節を挙げている。

kol ha'anashim hayyod'im ki meqaṭṭrot neshehem le'elohim 'akherim という一節を、多くの若いイスラエル人は「自分たちの妻が異郷の神々に香をたいていたのを知っている男たち」と理解するのではなく、「自

---

24 Ghil'ad Zuckermann, "A New Vision for Israeli Hebrew: Theoretical and Practical Implications of Analyzing Israel's Main Language as a Semi-Engineered Semi-to-European Hybrid Language", *Journal of Modern Jewish Studies* 5.1 (2006), 57-71 参照。http://www.zuckermann.org/pdf/gz6.pdf.
25 ヘブライ語の著作、Rachel Trozki, *Hazika veHaneteq Shebein HaIvrit Hamodernit Lileshonot HaIvrit Haqdumot: Nituakh Hshvaati Shel Qishrei Hamishpat Hamurkav Leiphyun 'azmiyut HaIvrit Hamodernit* (Tel-Aviv, 1994) を参照のこと。

第 2 章　聖書ヘブライ語から現代ヘブライ語へ

分たちの妻が他の神々に不平を言っているのを知っている男たち」と解釈する[26]。

　ズッカーマンはイスラエル人が聖書ヘブライ語を理解できるのは学校で学習しているからにほかならないと主張するが、イスラエル人はまったく別の外国語として聖書ヘブライ語を学ぶわけではない。アラビア語や英語やその他の言語を学ぶときのように、新たな文法を習得する苦労を味わうことはない。イスラエル人の学生は、聖書以外のヘブライ文学でも願望形（cohortative）などの聖書ヘブライ語の動詞の様態をみかけるので、使いこなしたり文法的に分析したりはできなくとも、いったんそのかたちを目にすれば通常は理解できる。

　ズッカーマンは現代ヘブライ語を系統的に聖書ヘブライ語に由来するものではないととらえており、ハイム・ラビン（Chaim Rabin）ら他の研究者と同じく、現代ヘブライ語を「イスラエル・ヘブライ語[27]」とよんでいる。筆者としては、今現在の段階における現代ヘブライ語をイスラエルのヘブライ語のみに限定することには同意しがたい。しかし、現代ヘブライ語には、ヘブライ語復興につとめた人びとの母語であったイディッシュ語を含め、ヨーロッパ系諸言語の強い影響があるという点に関しては、確かにズッカーマンや他の研究者の見解に賛同できる[28]。使用時の文法的形態の中にはズッカーマンの論を支える事例がいくつかある。

26　Zuckermann, ibid., p.13（PDF ファイル内）. これ以外にもいくつか誤解されやすい語彙が例示されている。

27　彼の論については特に、Zuckermann, ibid., pp. 360b-361a を見よ。注 7、24 を参照のこと。

28　より広く現代ヘブライ語をとらえるように考慮されねばならない。というのも、現代ヘブライ語はもともとイスラエルだけで話されていたわけではなく、第二次世界大戦以前は世界各地のユダヤ人共同体で話されていたからで、現代ヘブライ語の主要地域はかつてはロシアと東ヨーロッパだった。今日では、たとえばアメリカ合衆国や南米、オーストラリアに、ヘブライ語を日常言語とするユダヤ人やイスラエル人が居住している。彼らのヘブライ語は、イスラエルという国の言語の外にあり、おそらくは彼らの母語の影響で変化した特徴をもつ。

5. 現代ヘブライ語は異なる言語なのか？

現代ヘブライ語には、それ以前の段階のヘブライ語に比較しておもに以下のような変化がみられる。

a) 合成形（construct form）があまり使われない傾向にある。しかし、完全に使われなくなったわけではなく、高尚な書きことばでも話しことばでも使われるケースはある。

b) 名詞と数詞間の性数一致が話しことばで失われている。ただし、格式ばったテクストでは書きことばとして残っている。研究者たちはこの数十年にわたって、現代ヘブライ語で数詞男性形を使わないように提言しているが、今なおヘブライ語言語アカデミー[29]には受け入れられず、文法的な誤りとみなされている。

c) 文章構造の語順が根本的に変化している。聖書ヘブライ語では、動詞－主語－目的語だが、現代ヘブライ語では、主語－動詞－目的語の順である。

d) 主語─動詞間で数の一致がみられない場合がある。

e) 動詞体系においては、ヒフィル形での発音上の逸脱が認められる。また、1人称単数未来形を3人称単数未来形で代用することがある[30]。

f) 現代ヘブライ語の発音では、א、ה、ח、ע などの喉音の子音が失われている。また、摩擦音化も減少しているとの指摘があるが、ב―בּ、כ―כּ、פ―פּ の区別だけは残っている。また、単語のアクセントやイ

---

29 ヘブライ語言語アカデミーについては、http://hebrew-academy.huji.ac.il/ を参照。「ヘブライ語に関する最高機関として、ヘブライ語の歴史的発展に基づき、現代ヘブライ語の文法、正書法、転写法、句読法の基準を制定すること」を目的とし、1953年に公式に創設された。

30 イスラエル人の話者は、1人称単数未来形の動詞の接頭辞 א が想定される場合に、往々にして聞こえがいいという理由で、3人称単数の接頭辞である י を使うことがある。イスラエルの若者は、1人称が求められる場面で3人称を使用する。

ントネーションも変化している。
　g）近年、ヘブライ語の語彙と前置詞の用法に英語の強い影響がみられる。たとえば、「試合に勝つ」は、ヘブライ語では元来"win *in* the game (lenatzeakh *ba*Miskhaq)"だが、英語の影響から"win the game (lenatzeakh *'et* HaMiskhaq)"、すなわち「試合を勝つ」という表現が生まれており、新聞紙上でさえ用いられている。ただし、これは英語のグローバリゼーションの影響の一部だと考えるべきで、日本や他の多くの国々でも生じていることであろう。

　ここで、イスラエル・ヘブライ語の話者にとって聖書ヘブライ語を理解することは本当に困難なのか、という問いに立ち戻ろう。筆者の経験による印象では、高校生を含めた若いイスラエル人たちにとって聖書ヘブライ語は年々難解になっている。そのおもな理由は、学校で聖書を学ぶ時間が半世紀前に比べて減っていることにある。ラビ・ヘブライ語や中世ヘブライ語は、聖書ヘブライ語よりも目にする機会がさらに少ないので、イスラエルのヘブライ語話者にとってはいっそう理解しがたい。60年前から100年前に書かれたヘブライ語の著作ですら、語彙や文章構造が異なるために、若いイスラエル人には理解が容易ではない[31]。このことは現代の日本の若者にとっての明治時代の日本語と類比的に考えると分かりよいだろうし、まさに生きた言語がたどる変化だということができる[32]。筆者のイスラエルに在住する同僚であり、イスラエルのイスラム教徒に向けたアラビア語の専門家に、かつて次のようにたずねたことがある。現代ヘブライ語話者にとっての聖書ヘブライ語の難易度は、イスラム教徒である若いアラビア語話者にとってのクルアーン（コーラン）の古典アラビア語の難易度に類比してとらえることが

31　60年前から80年前にヘブライ語に翻訳されたヨーロッパの小説や哲学などの古典作品の多くが、近年、新たな現代ヘブライ語に再翻訳されている。

32　日本語と現代ヘブライ語の比較研究に関しては、R. Kowner and J. Rosenhouse, "Cultural Policy on Loanword Adoption in Modern Japanese and Hebrew: A Comparative Study", *International Journal of Cultural Policy* 7/3 (2001), 521-548 を参照のこと。

できるか、と。それに対する返答は次のようなものであった。若いアラブ人たちはさまざまなイスラム教国にいるのであり、彼らはクルアーンの美しく高尚なアラビア語ではなく、アラブ世界の各地で世代を超えて発展してきた話しことばであるアラビア語諸方言を話している。そのため、若いアラブ人がクルアーンを理解するには古典言語の学習が必要だが、アラブ諸国にいる若いイスラム教徒はクルアーンの理解に先んじて朗唱することを学んでもいる。古典アラビア語にはヘブライ語にはない文法的格が存在するので、実際のところ、古典アラビア語の習得のほうが聖書ヘブライ語に比してさらに困難だと思われるかもしれない。とはいえ、若い子供たちは古典アラビア語文法もそらで記憶するよう学ぶのであるから、どちらのほうが難しいということは決めがたいのではなかろうか[33]。

6. 21世紀のイスラエルにおける現代ヘブライ語

今日のイスラエルの学校教育では、初等学校の初年から高等学校の最終学年までヘブライ語授業が国語カリキュラムに組み込まれており、聖書ヘブライ語から現代ヘブライ語までさまざまな段階のヘブライ語が教えられている。学生は、現代ヘブライ語の文法を聖書や聖書以降の段階のヘブライ語の形式に沿って教わり、現代ヘブライ語の文学や詩とならんで中世ヘブライ語テクストにも触れる。学んだ言語知識のすべてが記憶の中に蓄積されるとしても、日常的には不可欠なものではない。ひとたびこみいった構文を読む必要にかられたり、自分自身のことを書きあらわすよう依頼されたりしたときには、おそらく記憶の中から浮かび上がってくるだろうが、通常のやりとりに必要な用法とはいえないので将来的には忘れ去られてしまうものもあるか

---

33 ハイファにあるイスラエル工科大学のジュディス・ローゼンハウス（Judith Rosenhouse）教授との私的な会話による。彼女はまた、ハイファ大学の会議で最近ゾハル・エヴヤター（Zohar Evyatar）教授が行なった講演のことを教えてくれた。彼の指摘は、ハイファ大学のアラブ人学生はアラビア語を母語とするにもかかわらず、現代ヘブライ語テクストを読むよりも古典アラビア語に近い学術的アラビア語を読むほうに困難をおぼえるというものであった。

もしれない。

　今日の現代ヘブライ語の構造や発展、変化の研究に関しては、おもに三つの領域を挙げることができる。新聞やラジオなどのメディアにおけるヘブライ語、慣用的あるいは俗語的に用いられるヘブライ語、文学的な散文や韻文におけるヘブライ語である。これらの三領域の言語学的、社会的な研究はイスラエルにおいて広く進められている[34]。

　A）新聞、ラジオ、テレビなどのマス・メディアは、現代ヘブライ語にとって最も影響力ある伝達手段である。ほぼ80パーセントのイスラエル人がヘブライ語でラジオやテレビを視聴し、新聞を購読しているからである。なお、10パーセント程度の超正統派ユダヤ教徒と現代ヘブライ語で意思疎通できない高齢者、特にロシアから新たに移り住んできた人びとには、彼ら向けの新聞やテレビ・チャンネル、その他メディアがある[35]。メディアの影響は非常に大きい。ヘブライ語の研究と発展を担うイスラエルの公的機関・ヘブライ語言語アカデミーは、新しい語彙をヘブライ語に導入する際の責任を負っているのだが[36]、ヘブライ語の語彙と文法に関する新たな決定はメディアを通して随時発表される。

　B）どの言語でも慣用句や俗語は派生的な用法だが、生きた言語である現代ヘブライ語でも膨大に生み出されている。最近、ルビク・ローゼンタール（Ruvik Rosenthal）によって、そういった用法やフレーズに関する『生きた語彙目録：イスラエルの社会方言と隠語（*The Lexicon of Life: Israeli Sociolects & Jargon*）』というタイトルの大著が出版されたが、その中には、

34　例えば以下の著作がある。Adina Abadi, *Discourse Syntax of Contemporary Hebrew* (Jerusalem: Magnes Press, 1988); Yossef Dana, *Ivrit-Aravit Al Tzir Hazman* (Haifa, 2000).

35　超正統派のユダヤ教徒にはヘブライ語ではなく、イディッシュ語の新聞がある。1990年代にイスラエルにやって来たロシア系移民たちは、新聞に加え、衛星放送やケーブル・ネットワークによってロシア語のテレビを視聴している。

36　注29を参照のこと。

現在から 20 世紀初頭までさかのぼって現代ヘブライ語にみられる例が見事に収録されている[37]。この辞書は全部で 24 のセクションから成り、兵士や警察関係の言語、ジャーナリズムの言語、スポーツの言語など、イスラエルの生活や社会集団のさまざまなトピックとかかわる表現を網羅する。取り上げられているすべての成句や語彙には詳しい説明が付され、詳細な索引も備わっているので、単語や表現を調べるのに便利である。

また、言語は俗語的用法のためだけでなく、流行その他の社会的要因によっても移り変わる。何年も母国を離れていた人の多くは、帰国したときに言語が変化したことに気付くだろう。これは五年から十年あるいはそれ以上の期間を経て表面化する変化だが、ヘブライ語は確実にここ数十年間その途上にある。アメリカ合衆国に数年滞在した二人の研究者、アマリア・ローゼンブルム（Amalia Rosenblum）とツヴィ・トリガー（Zvi Triger）は、帰国した際、ヘブライ語が変化したことに驚き、この問題に関するきわめて興味深い調査報告を行なった。彼らは単語や言い回しがもつイデオロギー的あるいは文化的な潜在力に着目して、今日のイスラエルのヘブライ語における「文化言語学（cultural linguistics）」をきわめて明確に描き出した[38]。この著作の中で取り上げられている単語や言い回しは、現在のイスラエル社会のイデオロギー上の概念、社会階級に関する話題や当てこすり、その奥に込められたアラブ系イスラエル人との政治的軋轢、ポリティカル・コレクトネスなどにかかわっており、そのすべては、聖書ヘブライ語やそれ以降のヘブライ語の語彙と文法をも採り入れた現代ヘブライ語の表現として伝達されるようになっている。

Ｃ）現代ヘブライ語の発展にかかわる第三の領域は、広大な文学の世界で

37　R. Rosenthal, *The Lexicon of Life: Israeli Sociolects & Jargon* (Jerusalem: Keter, 2007). ヘブライ語のタイトルは、*Ha Leqsiqon shel HaHayim: Safot BaMerkhav HaIsraeli*.

38　Amalia Rosenblum and Zvi Triger, *Speechless: How Contemporary Israeli Culture is Reflected in Language* (Or-Yehuda: Kinneret, Zmora-Bitan, Dvir-Publishing House, 2007), 9-31. 序部分を参照のこと。

ある。現代ヘブライ文学の発展段階は、長年の研究者成果によって、20世紀前半から1970、80年代までと、その後の1990年代から21世紀初頭までとに区分される。19世紀終わり頃に聖書ヘブライ語を模した作家たちから、ラビ・ヘブライ語を多用したビアリク（Bialik）やアグノン（Agnon）を経て、今や現代ヘブライ語ですぐれて文学的な著述を行なうイスラエル人作家の段階に入っている。代表者は、ブレナー（Brener）、チェリコフスキー（Tcherikovsky）、ベンヤミン・タムズ（Binyamin Tamuz）、イツハク・オルパズ（Yitzchek Orpaz）、イェフダ・アミハイ（Yehuda Amichai）などの50年代以降の作家たちであり、その後の世代のアモス・オズ（Amos Oz）、A・B・イェホシュア（A. B. Yehoshua）、メイル・シャレブ（Meir Shalev）、ヨラム・ケニュク（Yoram Kenyuk）らによって、ヘブライ語には変化がもたらされた[39]。20世紀末には、エドガー・ケレト（Edgar Keret）のような作家たちが歯切れよく言い切る文体を用い、女流作家たちが女性の声を採り入れていく[40]。

　ここで、作品を通じてヘブライ語に興味深い視座を持ち込んだ二人の現代女流作家を紹介したい。一人はマヤ・アラド (Maya Arad) で、イスラエル生まれだが、夫と二人の子供とともに10年以上アメリカに住んでいる。彼女は言語学の博士号をもっており、イスラエル社会にまつわる大変面白い小説や短編を豊富なユーモアと繊細な言語意識で著した[41]。もう一人の女流作家とはショハム・スミス（Shoham Smith）である。彼女はイスラエルに生

39　Gershon Shaked, *Hebrew Narrativ Fiction 1880-1980* (vol.5; Tel- Aviv: Hakibbutz Hameuchad, 1998) を見よ。

40　著名なイスラエル人女流作家のショート・ストーリー選集については、Lily Rattok (ed.), *The Other Voice: Women's Fiction in Hebrew* (Tel-Aviv: Hadekel, 1994). また以下の論文も参照のこと。Doron B.Cohen, "Translation and Publication of Japanese Literature in Hebrew: Tendencies and Episodes", *Conference on Jewish Studies* 6 (Kyoto: CISMOR Doshisha University, 2013), 138-155; Doron B. Cohen, "Minorities in Modern Hebrew Literature: A Survey", *Jewish Literature: Texual Studies* 1 (Kyoto: Kyoto University, 2014), 89-127.

41　*Maqom Akher ve'ir Zara* (2003); *Sheva' Midot Ra'ot* (2006); *Temunot Mishpakha* (2008) が代表作。

まれ、夫と三人の子供とともにテル・アビブに暮らす。いくつかの作品が発表されているが、最も興味深い一本は2002年の『ホーム・センター(*Home Center*)』(テル・アビブ、ミスカル社)だろう。この作品には、イスラエルの核家族のお決まりの日常生活が現在のヘブライ語の話しことばでユーモアたっぷりに描き出されている[42]。

　文学的ヘブライ語という範疇には、学術書出版の際のヘブライ語や科学的な現代ヘブライ語の使用も含まれるだろう。
　学術的ないし科学的言語としてのヘブライ語についていえば、ユダヤ学にたずさわる研究者は学術的なツールとしてこの言語の研鑽を積む必要がある。英語やフランス語やドイツ語を母語としない者がこれらの言語を学ぶようなものであろう。近年、佐々木嗣也 (Tsuguya Sasaki) が述べたところによれば、ヘブライ語は「英語と同じく、ユダヤ学のための共通言語となっている。ユダヤ学の研究者で現代ヘブライ語を自由に操れない者は、ほぼヘブライ語でしか発表されないユダヤ学の多くの研究領域を見逃してしまい、イスラエルの学術研究へのアクセスが限られることになる[43]。」

7. まとめ

　聖書ヘブライ語の後嗣である現代ヘブライ語は、確かに聖書ヘブライ語からはるか離れた長い道のりの果てにあるが、今なお文法的にも構文上の形態にも聖書ヘブライ語のおもな特徴を保っている。現代ヘブライ語はインド・

42　Shoham Smith は作家であり、また翻訳家、書評家でもある。彼女については以下を参照。New Hebrew Literature Lexicon; https://library.osu.edu/projects/hebrew-lexicon/00570.php. 代表作には、*My Heart Tells Me that My Memory Betrays Me* (Jerusalem: Keter, 1996); *Eretz Tiq-Taq* (Jerusalem: Keter, 1997); *Take Away* (Tel-Aviv: Tamuz, 2002); *Six Great Heroes in the World Mythology* (Or Yehuda, 2006) がある。

43　T. Sasaki, "The place of Modern Hebrew as a Lingua Franca of Jewish Studies", *Language Problems and Language Planning* 31:2 (2007), 136.

ヨーロッパ語族諸言語に強く影響されたとはいえ、源泉にあるセム語の性格を多く残しているのである。ヘブライ語の各発展段階についてはここまでいささか詳細に述べた通りであるが、特にこの1世紀はヘブライ語に生きた話しことばへの道がひらかれた時期であり、変化と影響にさらされることにもなった。学生や研究者には、聖書ヘブライ語を学ぶときに時間的な余裕があるなら、やはりまずは現代ヘブライ語から始め、聖書ヘブライ語に進むことを推奨したく思う。

第３章

ヘブライ語の動詞と前置詞の対応

ヘブライ語において動詞とかかわる表現には以下の型がある。

1．補語ないし補完的にはたらく補完語（complement）を必要としないもの。

　　הַסֵּפֶר אָבַד　「その本を失くした」

　　הַשִּׁיעוּר הִתְבַּטֵּל　「授業が休講になった」

　　אַבָּא יָשֵׁן　「父は寝ている」

2．修飾的な補完語と前置詞を用いるもの。

　　הוּא גָּר בִּירוּשָׁלַיִם　「彼はエルサレムに住んでいる」

　　הוּא גָּר עַל יַד תֵּל אָבִיב　「彼はテル・アビブのそばに住んでいる」

3．שֶׁ（～ということ）で始まる従属文を要するもの。

　　הוּא חָשַׁב שֶׁרוּתִי כָּאן　「彼はルティがここにいると思った」

　　אֶפְשָׁר שֶׁ、יִתָּכֵן שֶׁ（～が可能である、できる）、

　　חָשׁוּב שֶׁ（～は重要である）などのかたちもある。

動詞の中にはひとつ以上の前置詞とつながるものがあるが、補語としてはたらく句を生成するためにはある決まった前置詞が用いられなければならない。このとき、動詞はその特定の前置詞を用いることで意味の限定を受ける。以下でいくつか例文を示したい。なお、例文は、ヘブライ語文－日本語訳文－英訳文の順に並べるが、日本語で用いられるのは前置詞ではなく、名詞に後置される格助詞である。また、英文を前置詞の用法比較のために括弧内に記すが、前置詞が不要な場合は文末に * を付した。

第3章　ヘブライ語の動詞と対応する前置詞

כתבתי לדני מיכתב　　　「私はダニに手紙を書いた」
　　　　　　　　　　　　(I wrote Danni a letter.*)
כתבתי על דני סיפור　　　「私はダニについて物語を書いた」
　　　　　　　　　　　　(I wrote a story about Danni.)
כתבתי עם דני ספר　　　　「私はダニとともに本を書いた」
　　　　　　　　　　　　(I wrote a book with Danni.)
כתבתי בשביל דני תרגיל　　「私はダニのために練習問題を書いた」
　　　　　　　　　　　　(I wrote an exercise for Danni.)
כתבתי את המיכתב　　　　「私は手紙を書いた」
　　　　　　　　　　　　(I wrote the letter.*)

上の4つの例文は、強調の置き方によって語順の変更も可能である。

כתבתי מיכתב לדני　　　　「私は手紙をダニに書いた」
כתבתי סיפור על דני　　　「私は物語をダニについて書いた」
כתבתי ספר עם דני　　　　「私は本をダニとともに書いた」
כתבתי תרגיל בשביל דני　　「私は練習問題をダニのために書いた」

　すべての例文にלכתוב（書く）という動詞の一人称過去形 כתבתי（私は書いた）が含まれているが、それぞれ異なる前置詞とともに使われることで、書くという行為が作用する意味合いに違いが生まれている。
　上の例文にもみてとれることだが、ある言語から別の言語へ移行する際は、同じ意味でも前置詞／後置詞の適用が異なってくる。たとえば、最初の例文では、ヘブライ語の前置詞לに対応する前置詞が英語にはない。以下は、ヘブライ語と英語の前置詞の用法の違いを示すいくつかの例文である。

המורה ענה לדני　　　　「教師はダニに答えた」
　　　　　　　　　　　(The teacher answered Danni.*)
הסטודנט השתמש בעט　　「学生はペンを使った」
　　　　　　　　　　　(The student used a pen.*)

41

הם נהנו מֵהארוחה　　「彼らは食事を楽しんだ」
（They enjoyed the meal.*）

上の３つのいずれの例文でも、英語では前置詞が使用されない。これらの例文を日本語に訳すときには、後置詞に相当する格助詞の使用状況はもちろん異なったものとなる。日本語訳は英文の前に記載しているので、こちらも比較していただきたい。

1. 近年の研究にみる前置詞

前置詞は文に必要な成分であり、したがって、それぞれの動詞に沿う正しい前置詞の用法を知らなければ話し手はくずれたことばを話すことになりかねず、正確な考えや思想を伝達することができなくなるおそれがある。前置詞あるいは後置詞は動詞に応じて定まるため、つねに動詞を含めた枠組の中で学び、実践での使用を通じて確認していくべきである。新しい動詞の意味も、必要な前置詞あるいは後置詞と組み合わせて学ばなければならない。話したり聞いたりする中でその動詞を反復して使うことは、確かに正しい用法を身につける最良の方法であろう。ただし、新たな言語の学習では、母語と同じ前置詞／後置詞用法の原則をあてはめてしまう傾向があり、母語に沿って偏った間違いをおかしがちであるので、その点に注意しておかねばならない。

前置詞に関する学問的探究はここ10年あまりで進展し、現代ヘブライ語の前置詞も学術論文の主題となっている。1994年、ナフタリ・スターン（Naftali Stern）によって『ヘブライ語動詞辞典　現代のヘブライ語における動詞の結合力と配列（*Dictionary of Hebrew Verbs: The Valence and Distribution of the Verb in Contemporary Hebrew*）』（バル・イラン大学出版会）という現代ヘブライ語の動詞の用法に関する重要な著作が刊行された。これは辞書編纂の方法論にのっとって動詞に焦点を合わせ、現代ヘブライ語の前置詞の意味価を区分しようとするものであり、第１章の後半部では特定の前置詞を要する動詞について詳しく述べられている。最初に取り上げら

れるのは目的語の前に置かれる前置詞 את を伴う動詞群で、エントリーされている動詞の数は最多である。また、את 以外に ב や על などの別の前置詞をとる動詞も挙げられている[44]。2002 年には、ヘブライ語やその他の諸言語の前置詞の用法に関する最初の本が、イスラエルのハイファ大学で開催された会議の論文集として出版された。さまざまな学術的関心をもった研究者グループが前置詞の諸相についての論文を寄せており[45]、うち 5 本は現代ヘブライ語に特有の前置詞の用法を取り上げている。また、意味と統語規則の用法の差異を規定しようとする論文も含まれている。2008 年には、やはりハイファ大学での国際会議の発表をまとめた別の論集も刊行されたが[46]、その書名には「前置詞（prepositions）」ではなく「接置詞（adpositions）」が採用されている。編者によれば、「さまざまな言語における重要な小辞の用法に関して視野を広げるため」に、「この論集ではそのような小辞を前置詞ではなく接置詞（adposition）とよぶ。接置詞という語は、前置詞だけでなく、トルコ語やヒンズー諸語の後置詞（postposition）にも、アムハラ語の接周置詞（circumposition）のような別の現象にも適用できる[47]」からである。上の二冊に収録された論文は、言語学的にみて非常に先進的なものである。

2. 現代ヘブライ語における前置詞の使い方

ヘブライ語の前置詞の使い方は二通りある。ב、ל、כ、מ など 1 文字を名

---

44 Naftali Stern, *Dictionary of Hebrew Verbs: the Valence and Distribution of Verb in Contemporary Hebrew* (Ramet-Gan: Bar-Ilan University Press, 1994), 22-58 を参照のこと。

45 Susanne Feigenbaum and Dennis Kurzon (eds.), *Prepositions in their Syntactic, Semantic and Pragmatic Context* (Amsterdam: John Benjamins Publishing Company, 2002).

46 Dennis Kurzon and Silvia Adler (eds.), *Adpositions: Pragmatic, Semantic and Syntactic Perspectives* (Amsterdam: John Benjamins Publishing Company, 2008).

47 ibid., p.1.

詞と接着させるケースと、את、עם、אל、מן などの語を動詞と補語の間に置くケースである。ただし、どの前置詞でも、関係する語の人称と数によって語形が変化しうる。日本語や英語では二つの語になるところ（日本語では代名詞＋格助詞、英語では前置詞＋代名詞）が、ヘブライ語では人称変化形 1 語で表わされる。「あなた・に（to you）」は、ヘブライ語では「前置詞 ל ＋あなたに相当する人称接尾辞 -ךָ」が接着して -לְךָ となるのである。

דני כותב את המיכתב ; הוא כותב אותו	「ダニは手紙を書く」； 「彼はそれを書く」
דני לומד עם רותי ; הוא לומד איתה	「ダニはルティとともに勉強する」； 「彼は彼女とともに勉強する」

男性二人称代名詞と結合する場合、前置詞は、בְּךָ（あなたにおいて）、לְךָ（あなたへ）、אוֹתְךָ（あなたを）、אִיתְּךָ（あなたと）、מִמְּךָ（あなたから）、עָלֶיךָ（あなたについて）のようなかたちになる。

人称接尾辞と結合する前置詞人称変化形には、名詞語尾の単数形に準じるかたちと、複数形に準じるかたちの二種類がある。

単数形に準じる語尾	複数形に準じる語尾
ִי	ַי
-ךָ	-יךָ
-ךְ	-יךְ
-וֹ	-◌ָיו
-◌ָה	-◌ֶיהָ
-נוּ	-ינוּ
-כֶם	-יכֶם
-כֶן	-יכֶן
-הֶם	-יהֶם
-הֶן	-יהֶן

たとえば、前置詞 ל は単数形に準じる変化語尾をとるので、לִי לְךָ לָךְ לוֹ …となる。複数形に準じた変化語尾は、עָלַי עָלֶיךָ עָלַיִךְ עָלָיו …のようになる。

本書第４章に、今日の現代ヘブライ語のおもな前置詞の人称変化形を一覧にして挙げているので、それぞれの変化形についてはそちらを参照いただきたい。

本書で取り上げる前置詞は לְ、בְּ、אֵת、עִם、עַל、אֶל、מִן / מִ、עַל-יַד、אֵצֶל、בִּשְׁבִיל、בֵּין、בְּעֶצֶם、לִפְנֵי、אַחֲרֵי である。

第 4 章

前置詞変化形一覧

לְ（〜へ、〜に）の変化形

(אני)	לִי	(אנחנו)	לָנוּ
(אתה)	לְךָ	(אתם)	לָכֶם
(את)	לָךְ	(אתן)	לָכֶן
(הוא)	לוֹ	(הם)	לָהֶם
(היא)	לָהּ	(הן)	לָהֶן

1. קוראים _________ דני. אני דני.
2. המורה נותנת לדני את המחברת. היא נותנת _________ (הוא).
3. החברה של רותי כותבת _________ (היא) מיכתב.
4. כשהייתי בארצות הברית שלחתי גלויות לחברים שלי. שלחתי _________ (הם) גם מיכתבים.
5. לפעמים אמא מספרת _________ (אנחנו) על הזמן שהיא היתה קטנה.
6. אורי ודני ! אסור _________ (אתם) לצאת החוצה.
7. דני, מה קרה _________ (אתה) אתמול? למה לא היית בכיתה?
8. רותי ודינה, יצחק שומר _________ (אתן) על הספרים בספריה.
9. רותי, אני תמיד שוכחת להביא _________ (את) אֶת המחברת שלי.
10. התלמידות אוהבות ללמוד. המורה נותן _________ (הן) שיעורי-בית.

בְּ（〜の中で、〜で／〜でもって）の変化形

(אני)	בִּי
(אתה)	בְּךָ
(את)	בָּךְ
(הוא)	בּוֹ
(היא)	בָּהּ
(אנחנו)	בָּנוּ
(אתם)	בָּכֶם
(אתן)	בָּכֶן
(הם)	בָּהֶם / *בָּם
(הן)	בָּהֶן / *בָּן

* このかたちは文語的であり、話しことばでは用いられない。

1. התלמיד כותב במחברת. הוא כותב ________________ (היא) כל יום.
2. הילדים רצים ברחוב. הם רצים ______________ (הוא) ומשחקים.
3. האיש הסתכל בנשים. הוא הסתכל ______________(הן) כי הוא חשב שהוא מכיר אותן.
4. "המכונית פגעה ______________(אתם)?"
5. התלמידים לומדים בחדרים בקומה שניה. הם לומדים ______________(הם) בבוקר.
6. "אני מצטער מאוד, האם פגעתי ______________ (אתה) בידי ?"
7. החברים שלי הביטו ______________ (אני) אבל לא הכירו אותי.

אֵת（対格標識として限定的目的語の指標になる）の変化形

(אני)	אוֹתִי
(אתה)	אוֹתְךָ
(את)	אוֹתָךְ
(הוא)	אוֹתוֹ
(היא)	אוֹתָהּ
(אנחנו)	אוֹתָנוּ
(אתם)	אֶתְכֶם / *אוֹתְכֶם
(אתן)	אֶתְכֶן / *אוֹתְכֶן
(הם)	אוֹתָם
(הן)	אוֹתָן

* 現在ではもっぱらこちらのかたちが使用される。

1. דני אוהב את רותי. דני אוהב ______________ (היא).
2. רותי אוהבת את אורי. רותי אוהבת ______________ (הוא).
3. אני מכיר את רותי ודני. אני מכיר ______________ (הם).
4. דני יודע את כל המילים החדשות. אני לא יודע ______________ (הן).
5. התלמיד שואל את המורה שאלות. התלמיד שואל גם ______________ (אני).
6. "אורי, למה אתה לא שומע את השיר החדש ?" - "כי אני לא אוהב ______________" (הוא).
7. "דינה, רותי, איפה אתן? אני לא רואה ______________ " (אתן).
8. דני ואורי, המורה שומעת ______________ (אתם) מדברים בשיעור.
9. אורי והחברה שלו רואים את החברים שלהם פעם בשבוע. לפעמים הם רואים ______________ (הם) יותר.
10. "דני, אני שמעתי ______________ (אתה) מדבר ברדיו אתמול בערב".

עִם（〜とともに）の変化形

(אני)	אִיתִּי
(אתה)	אִיתְּךָ
(את)	אִיתָּךְ
(הוא)	אִיתּוֹ
(היא)	אִיתָּהּ
(אנחנו)	אִיתָּנוּ
(אתם)	אִיתְּכֶם
(אתן)	אִיתְּכֶן
(הם)	אִיתָּם
(הן)	אִיתָּן

*עִימִּי עִימְּךָ עִימָּךְ עִימּוֹ עִימָּהּ עִימָּנוּ עִימְּכֶם עִימְּכֶן עִימָּם עִימָּן

* 上記の変化形もあるにはあるが、文学的表現に用いられるのみである。現在では新聞紙上でさえほとんど使用されない。

1. רותי באה עם ההורים שלה לישראל. היא באה ______________ (הם).
2. בקיץ אני נוסעת עם דני לגליל. אני נוסעת ______________ (הוא).
3. "רותי את רוצה ללכת ______________ למוזיאון ? אנחנו הולכים מחר".
4. "אתה מדבר ______________ (הן) בטלפון ?"
5. "חנה, דינה! אני רוצה לנסוע ______________ (אתן) לתל אביב, אפשר?"
6. אנחנו לא שומעים אותך כי הילד מדבר ______________ (את).
7. יוסי לומד באולפן ביחד עם דני ואורי. יוסי לומד ______________ (הם) כל יום.
8. "רותי, אולי את רוצה ללכת ______________ (אני) לסרט הערב?"
9. רותי עונה לדני :"אני רוצה ללכת ______________ (אתה) אבל אני עיפה".
10. התלמידים רוצים ללמוד עם שולה. הם רוצים ללמוד ______________ (היא) כי היא מורה טובה.

עַל （〜の上に、〜について、〜に関して）の変化形

(אני) עָלַי
(אתה) עָלֶיךָ
(את) עָלַיִךְ
(הוא) עָלָיו
(היא) עָלֶיהָ
(אנחנו) עָלֵינוּ
(אתם) עֲלֵיכֶם
(אתן) עֲלֵיכֶן
(הם) עֲלֵיהֶם
(הן) עֲלֵיהֶן

1. המחברת שלי על השולחן. המחברת _____ (הוא).
2. דני חושב על רותי הרבה. הוא חושב _____ (היא).
3. אמא כעסה על הילדים. היא כעסה _____ (הם).
4. הוא סיפר לי על החברות הטובות שלו. הוא סיפר לי _____ (הן).
5. איפה הייתם אתמול בערב? היינו במסיבה ודיברנו _____ החדשות.
6. "דני, ראיתי תמונה שלך בעיתון, והיה _____ (אתה) מאמר. אתה איש חשוב!"
7. "דינה, שמעתי _____ (את) סיפורים מעניינים. את היית בצבא?"
8. "מתי קראת _____ (אני) בעיתון?"
9. אורי סיפר לי _____ (אתם), שהייתם הרבה שנים בצבא.
10. "רותי ודינה, רציתי לכתוב _____ (אתן) ספר, אבל אני לא סופר."

50

第4章 前置詞変化形一覧

אֶל（〜に）の変化形

(אני)	אֵלַי
(אתה)	אֵלֶיךָ
(את)	אֵלַיִךְ
(הוא)	אֵלָיו
(היא)	אֵלֶיהָ
(אנחנו)	אֵלֵינוּ
(אתם)	אֲלֵיכֶם*
(אתן)	אֲלֵיכֶן*
(הם)	אֲלֵיהֶם*
(הן)	אֲלֵיהֶן*

* 多くのイスラエル人は、「〜の上に、〜に関して」を意味する前置詞 עַל と区別するために、この אを ֵ（ツェレ；eの音）とともに אֵלֵיכֶם と発音する。

1. החברים באים ＿＿＿＿＿ (אני) אחרי-הצהריים כדי לראות סרט.
2. האם המיכתב שלי הגיע ＿＿＿＿＿ (אתה)?
3. ההורים שלו נוסעים ＿＿＿＿＿ (הוא), כדי לראות את הנכדים שלהם.
4. אני מזמין אתכם לבוא ＿＿＿＿＿ (אנחנו) ביום שישי בערב.
5. כל בוקר אני נכנסת לשכנה שלי．אני נכנסת ＿＿＿＿＿ (היא).
6. "רותי את בבית היום? אני רוצה לשלוח ＿＿＿＿＿ (את) את הילדים שלי".
7. דני הולך לרותי ודינה ברגל．הוא הולך ＿＿＿＿＿ (הן) כל יום רביעי.
8. המורה פונה לתלמידים בשאלות．הוא פונה ＿＿＿＿＿ (הם) בשיעור.

מִן / מִ（～から）の変化形

(אני)	מִמֶּנִּי
(אתה)	מִמְּךָ
(את)	מִמֵּךְ
(הוא)	מִמֶּנּוּ*
(היא)	מִמֶּנָּה
(אנחנו)	מֵאִיתָּנוּ / מִמֶּנּוּ
(אתם)	מִכֶּם
(אתן)	מִכֶּן
(הם)	מֵהֶם
(הן)	מֵהֶן

* 多くの人は、ֹ（ホラム；o の音）で終わる所有格語尾の影響により、語末の母音を מִמֶּנוֹ のように発音する。

1. אנחנו יוצאים מן הכיתה. אנחנו יוצאים ____________ (היא) החוצה.
2. התלמיד קורא מן הדפים של המורה. הוא קורא ____________ (הם).
3. הילד שלי חוזר מבית-הספר כל יום. הוא חוזר ____________ (הוא) בצוהריים.
4. "רותי ! אני צריך לקחת ____________ (את) את המחברת שלך".
5. כתבתי מיכתב לחברות שלי אבל עוד לא שמעתי ____________ (הן).
6. הילדים רצו לקחת ____________ (אני) את הכדור.
7. "אבא, אני לקחתי ____________ (אתה) את המכונית אתמול בערב".
8. הילדות ברחוב מבקשות ____________ (אנחנו) לעזור להן.
9. לכם יש מישקפיים, ולכן, הילד שלי מפחד ____________ (אתם).
10. "האם אנחנו יכולים לקבל ____________ (אתן) את המפתחות לדירה ?"

עַל-יָד（〜のそばに）の変化形

(אני)	עַל-יָדִי
(אתה)	עַל-יָדְךָ
(את)	עַל-יָדֵךְ
(הוא)	עַל-יָדוֹ
(היא)	עַל-יָדָהּ
(אנחנו)	עַל-יָדֵנוּ
(אתם)	עַל-יָדְכֶם*
(אתן)	עַל-יָדְכֶן*
(הם)	עַל-יָדָם
(הן)	עַל-יָדָן

* 現在ではイスラエル人は用いないが、正しいかたちはそれぞれ
עַל-יֶדְכֶם、עַל-יֶדְכֶן。

1. התלמידה יושבת על יד התלמיד. היא יושבת ______________ (הוא).
2. "רותי, אני יכול לשבת ______________ (את) ?"
3. "לא אתה לא יכול לשבת ______________ (אני)".
4. דני עומד על יד אורי ורותי. דני עומד ______________ (הם).
5. אורי עומד על יד רותי ודינה. הוא עומד ______________ (הן).
6. הם גרים על ידי ועל יד דינה. הם גרים ______________ (אנחנו).
7. "דני, מי יושב ______________ (אתה) ? אתה מכיר אותו?"
8. התיק שלי קרוב לרותי. התיק שלי ______________ (היא).
9. "דני ודינה, מי הבחור היפה שעומד ______________ (אתם) ?"
10. "רותי ודינה, איפה האיש שהיה ______________ (אתן) בהפסקה?"

אֵצֶל (〜〈人〉のところで、〜〈人〉とともに) の変化形

(אני)	אֶצְלִי
(אתה)	אֶצְלְךָ
(את)	אֶצְלֵךְ
(הוא)	אֶצְלוֹ
(היא)	אֶצְלָהּ
(אנחנו)	אֶצְלֵנוּ
(אתם)	אֶצְלְכֶם*
(אתן)	אֶצְלְכֶן*
(הם)	אֶצְלָם**
(הן)	אֶצְלָן**

* 多くのイスラエル人は ָ (カマツ；a の音) で ל を発音するので、それぞれ אֶצְלָכֶם、אֶצְלָכֶן となる。おそらくは「〜へ、〜に」を意味する前置詞 לָכֶן、לָכֶם の影響だろう。

** 「〜へ、〜に」を意味する前置詞 לָהֶן、לָהֶם に影響されて ה を加えて発音するイスラエル人もあり、その場合は אֶצְלָהֶן、אֶצְלָהֶם となる。

1. "העט שלך לא נמצא _____ (אני) אולי הוא בתיק שלך?"
2. אנחנו חושבים שהמחברות שלנו _____ (אתה).
3. התלמידים ביקרו בבית של המורה. הם היו _____ (הוא).
4. "אני לא מוצא את הספר שלי, אולי הוא _____ (אתם)?"
5. אתמול הייתי אצל רותי. אתמול הייתי _____ (היא).
6. "אני חושב שהמפתח שלי נשאר בבית שלך. אתה יכול לבדוק אם הוא _____ (אתה) בבקשה?"

第4章　前置詞変化形一覧

בִּשְׁבִיל（〜のために）の変化形

(אני)	בִּשְׁבִילִי
(אתה)	בִּשְׁבִילְךָ
(את)	בִּשְׁבִילֵךְ
(הוא)	בִּשְׁבִילוֹ
(היא)	בִּשְׁבִילָהּ
(אנחנו)	בִּשְׁבִילֵנוּ
(אתם)	בִּשְׁבִילְכֶם
(אתן)	בִּשְׁבִילְכֶן
(הם)	בִּשְׁבִילָם
(הן)	בִּשְׁבִילָן

1. "רותי, קניתי את הספר הזה _____ (את)."
2. "החדר הזה _____ (אני) ? הוא מאוד גדול !"
3. "כן, את החדר הזה סידרתי _____ (אתה)."
4. הוא כתב להורים שלו שאין לו כסף, והם קנו _____ (הוא) בגדים.
5. היא עבדה קשה מאוד כל חייה _____ הילדים שלה. היא עבדה _____ (הם).
6. האיש הזה אוהב אותנו מאוד. הוא יעשה _____ (אנחנו) הכל.

בֵּין （～の間に）の変化形

(אני)	בֵּינִי
(אתה)	בֵּינְךָ
(את)	בֵּינֵךְ
(הוא)	בֵּינוֹ
(היא)	בֵּינָהּ
(אנחנו)	בֵּינֵינוּ
(אתם)	בֵּינֵיכֶם
(אתן)	בֵּינֵיכֶן
(הם)	בֵּינֵיהֶם
(הן)	בֵּינֵיהֶן

1. דני יושב _____ (אני) לבין רותי.
2. דני יושב _____ (אנחנו).
3. יש היום הסכם שלום בין ישראל למצרים. יש _____ שלום.
4. אתה יושב על ידי. גם רותי יושבת על ידי. אני יושב _____.
5. רותי ודינה כעסו וצעקו אחת על השניה. אני עמדתי _____ (הן).
6. אתה ורותי יושבים על ידי. אני יושב _____ (אתה) ו_____ (היא).
7. "רותי, השולחן עומד _____ (את) לבין הקיר".

ここからはאחרי、לפני、בעצםを取り上げる。これらの語には名詞が使われているが、語尾に人称接尾辞がついてそれ自体で前置詞として用いられる。

בְּעֶצֶם（自分で、みずから）の変化形

(אני)	בְּעַצְמִי
(אתה)	בְּעַצְמְךָ
(את)	בְּעַצְמֵךְ
(הוא)	בְּעַצְמוֹ
(היא)	בְּעַצְמָהּ
(אנחנו)	בְּעַצְמֵנוּ
(אתם)	בְּעַצְמְכֶם
(אתן)	בְּעַצְמְכֶן
(הם)	בְּעַצְמָם
(הן)	בְּעַצְמָן

1. אני אוהב לעשות את העבודה _____________, בלי החברים שלי.
2. "כשאתה כותב את המישפטים _____________ אני מבין אותך".
3. "את כתבת את החיבור הזה _____________? העברית שלך טובה!"
4. דני בונה את הבית שלו _____________, לכן הוא בונה את הבית הרבה זמן.
5. רונית היא ילדה בת עשר, אבל היא נוסעת _____________ באוטובוס.
6. אֶת האוכל הזה אנחנו מכינים _____________ ולא קונים בסופרמרקט.
7. "איך אתם למדתם לשיר את השירים האלה _____________? צריך מורה כדי ללמוד אותם, הם שירים קשים".
8. "התיקים האלה כבדים מאוד. אתן יכולות לקחת אותם _____________?"

לִפְנֵי （〜の前で、〜の前に）の変化形

(אני)	לְפָנַי
(אתה)	לְפָנֶיךָ
(את)	לְפָנַיִךְ
(הוא)	לְפָנָיו
(היא)	לְפָנֶיהָ
(אנחנו)	לְפָנֵינוּ
(אתם)	לִפְנֵיכֶם
(אתן)	לִפְנֵיכֶן
(הם)	לִפְנֵיהֶם
(הן)	לִפְנֵיהֶן

1. האוטובוס נוסע לפני המכונית שלי. הוא נוסע ‎_____‎ (אני).
2. רותי רצתה להגיע לכיתה לפני המורה לכן היא רצה והגיעה ‎_____‎ (היא).
3. "דני, אתה יכול לתת לי את התיק ש‎_____‎ " (אתה).
4. "דינה ורותי, אולי אתן מכירות את האישה שעומדת ‎_____‎ " (אתן).
5. האנשים שגרו בארץ כנען ‎_____‎ שעם ישראל כבש אותה היו העמים: היבוסי, החיתי, הפריזי, הכנעני ועוד.
6. "רותי, היום את מאחרת לשיעור כי המורה באה לכיתה ‎_____‎ " (את).
7. לפני דני עומד תלמיד גבוה. התלמיד שעומד ‎_____‎ (הוא) הוא מכיתה ג'.

אַחֲרֵי（〜の後ろに、〜の後で）の変化形

(אני)	אַחֲרַי
(אתה)	אַחֲרֶיךָ
(את)	אַחֲרַיִךְ
(הוא)	אַחֲרָיו
(היא)	אַחֲרֶיהָ
(אנחנו)	אַחֲרֵינוּ
(אתם)	*אַחֲרֵיכֶם
(אתן)	*אַחֲרֵיכֶן
(הם)	*אַחֲרֵיהֶם
(הן)	*אַחֲרֵיהֶן

* ח につく母音は ֲ（ハタフ・パタハ；a の音）だが、ほとんどのイスラエル人はこの ח を ְ（無音シェヴァ）とともに אַחְרֵי のように発音する。

1. המכונית של רותי עומדת אחרי המכונית שלי. היא עומדת ______________ (היא).
2. בתור לקופה בסופרמרקט עומדים שלושה אנשים: אני ושני אנשים ______________.
3. "דני, זהירות ! מכונית נוסעת ______________!" (אתה).
4. לא מצאתי את דני בחדר, כי לפניו ו ______________ (הוא) היו הרבה מישחקים.
5. בחתונה שלנו אנחנו נסענו במכונית עם פרחים ובלונים ; ____________ (אנחנו) נסעו החברים שלנו בשורה של מכוניות.
6. בצה"ל המפקד תמיד אומר ______________ (אני) כשהוא יוצא למילחמה.
7. "רון, אתה לא רוצה להיכנס לסרט?" - "כן, אני קונה שוקולד בקיוסק ונכנס ______________" (אתם).

第 5 章

前置詞を用いた文例とその特徴

1. 前置詞を用いた文例

　本章では、現代ヘブライ語の前置詞とかかわる文例を紹介する。取り上げる前置詞表現は、イスラエルの日常生活や新聞、文学作品などに広く目を通して選んだものであり、ヘブライ語文を少なくともひとつは例示して文脈中での使い方を確認できるようにした。前置詞とかかわる品詞が動詞の場合は、不定詞形を見出しとしている。文例の内容は多岐にわたっており、イスラエルでの日常的な出来事、学生生活、イスラエルへ新たに移ってきた人々の生活、イスラエル国内の政治状況、地域事情、国際情勢、あるいは日本の日常生活や学生生活など、実にさまざまである。また、聖書から引いた例もある。

　日本語訳は自然なものとなるよう心がけつつ、ヘブライ語の文意を精確に伝えることを大切した。ヘブライ語の特徴を分かりやすくするために、逐語的な訳になっているものもある。訳文をみれば、原文の単語との関係性をみてとることができ、文法と構文が理解できるよう、最大限配慮した。

　なお、すべての文例は、多くの出版物や刊行物をリサーチして得たものである。内容には、今では古くなったことや異論のあるものが含まれているかもしれないが、何らかの立場を伝える目的はなく、あくまでも前置詞がどのように用いられるかを示す例としてみていただきたく思う。

א

אָדִישׁ ל　～に無関心である

ישנם אנשים רבים ביפן שאדישים להתפתחויות המדיניות בעולם.

日本には世界の政治情勢に無関心な人が多くいる。

אַחְרַאי על / ל　～に責任を持つ／に責任がある

בממשלה, שר החוץ אחראי על הקשרים עם מדינות אחרות.

政府内で外務大臣は諸外国との交渉に責任を持つ。

אֵין ל　（人は）……を持っていない

היום יש מבחן, ולכן אין לנו ספרי לימוד.

今日はテストがある。だから私たちは教科書を持っていない[48]。

אֵין ל　～に……がない

אין לסרט החדש כתוביות בעברית.

この新しい映画にはヘブライ語の字幕がない。

אַכְזָבָה מ　～に落胆／に失望すること

תמיד יש אכזבה מהפסד במשחק.

試合に負けるといつも落胆する。

אָסוּר ל　～は禁じられている

עכשיו אסור לעשן בתוך האוניברסיטה.

現在大学構内では喫煙は禁じられている。

48　イスラエルでは学生は試験当日に筆記用具以外は持参しない。

לְאַבֵּד את ～を紛失する／を失くす

אתמול איבדתי את התיק שהיו בו כסף ודרכון.

昨日私はお金とパスポートの入ったかばんを失くした。

לְאַבְטֵחַ את ～を見回る／を警備する

חמישה שומרים מאבטחים את המיפעל ביום ובלילה.

５人の警備員が昼も夜も工場を見回っている。

לֶאֱהוֹב את ～を愛している／が好きである

דני אוהב את החברה שלו דנה.

ダニはガールフレンドのダナを愛している。

דנה אוהבת ספרים.

ダナは本が好きだ。

לֶאֱחוֹז ב ～をつかむ／を握る

אחזתי בידית ופתחתי את הדלת.

私はノブをつかんでドアを開けた。

אחזתי ביד של בני והלכנו לטייל בשכונה.

私は息子の手を握って近所を散歩した。

לְאַחֵל ל(מישהו) （～のために）……を願う

איחלתי "מזל טוב" לחברה שלי שהתחתנה.

私は結婚した友人の幸福を願った。

לְאַחֵר ל ～に遅れる

דני תמיד מאחר לשיעור בבוקר.

ダニは朝いつも授業に遅れる。

לְאַיֵּם על　　～を脅す

השודד איים על פקיד הבנק באקדח.

強盗は銀行員を拳銃で脅した。

לְאַיֵּת את　　～を綴る

המורה אייתה את השם שלי נכון.

教師は私の名前を正しく綴った。

לְאַכְזֵב את　　～を落胆させる／を失望させる

הספר החדש שכתב הסופר הישראלי המפורסם איכזב את הקוראים.

イスラエルの有名な作家が書いた最新作は読者を落胆させた。

לֶאֱסוֹף את　　～を集める

דני אוסף בולים מכל העולם.

ダニは世界中の切手を集めている。

המורה אוסף את המחברות של התלמידים בסוף השיעור.

先生は授業の終わりに生徒のノートを集める。

לֶאֱסוֹר על　　～を禁止する

האוניברסיטה אוסרת על העישון בקמפוס.

大学は構内での喫煙を禁止している。

לְאַפְשֵׁר ל(מישהו) (לעשות משהו)

～が……出来るようにする／を可能にする

באוניברסיטה העברית מאפשרים לסטודנטים חולים להיבחן במועד נוסף.

ヘブライ大学では病気の学生は別の日に追試験が受けられるようにしている。

המילגה איפשרה לדני ללמוד שנתיים ביפן.

奨学金はダニが二年間日本で勉強することを可能にした。

לְאַרְגֵּן את　～を組織する／を企画する

הסטודנטים אירגנו את המסיבה הגדולה של סוף שנת הלימודים.

学生たちは学年末の大きなパーティーを企画した。

לְאַשֵּׁר את　～を承認する／を有効とする

הממשלה אישרה את ההסכם בין שתי המדינות.

政府は二国間合意を承認した。

לְאַשֵּׁר ל　～に許可する／に承認する

ההורים אישרו לילד שלהם לנסוע לטיול.

両親は旅行に出かけることを子どもに許可した。

ב

בַּאֲשֶׁר ל　～について／に関して

המרצה אמר: "באשר לבקשה שלכם ללמוד ביום שני, לא ניתן לאשר אותה."

先生は「あなたたちが月曜日に勉強したいという要望については、認められない」と言った。

בְּהַשְׁוָואָה ל　～と比較すると

בהשוואה ליפנים הישראלים עובדים פחות שעות בשבוע.

日本人と比較すると、イスラエル人は週あたり、より短い時間働いている。

בְּהֶתְאֵם ל　～にしたがって

הסטודנטים צריכים לכתוב את העבודה בהתאם להנחיות של המורה.

学生たちは教師の指導にしたがって論文を書かなければならない。

בְּיַחַס ל　～に関する

אין ידיעות חדשות ביחס לרעידת האדמה ביפן.

日本での地震に関する新しいニュースはない。

בְּנִיגוּד ל　～と対照的に

עיתון "מעריב" פירסם שנשיא אורוגוואי מבקר בישראל. בניגוד לו עיתון "הארץ" פירסם שנשיא ארגנטינה מבקר בישראל.

「マアリブ」紙はウルグアイの大統領がイスラエルを訪問していると伝えた。それとは対照的に、「ハアレツ」紙はアルゼンチンの大統領がイスラエルを訪問していると伝えた。

בְּקֶשֶׁר ל　～のことで／に関して

היום הלכתי למישרד באוניברסיטה לברר פרטים בקשר למילגת הלימודים שקיבלתי.

今日私は受け取った奨学金のことで大学の事務室に行った。

בִּתְגוּבָה ל　～に反応して／に対して

בתגובה להחלטה של הנהלת האוניברסיטה על העלאת שכר-הלימוד, הודיעו הסטודנטים על שביתה של יומיים.

大学理事会の学費値上げ決定に対して、学生は二日間のストライキを通告した。

בְּתוֹךְ ה　～の中に

המחברת של הסטודנט שנעלמה, נמצאה בתוך התיק שלו.

失くなった学生のノートは、彼のかばんの中で見つかった。

לִבְגוֹד ב　～を裏切る

אַקָצִ'י מִיצוּהִידֶה, אחד הגנרלים של אוֹדָה נוֹבּוּנָגָה, בגד בו והרג אותו.

織田信長の武将の一人であった明智光秀は、信長を裏切って殺害した。

לִבְדוֹק את　～を調べる

כל יום המורה בודקת את שיעורי הבית של התלמידים.

教師は生徒の宿題を毎日調べる。

לָבוֹא ל / אל　～へ来る

התלמידים באים כל בוקר לבית הספר בשעה שמונה בדיוק.

生徒たちは毎朝8時きっかりに学校へ来る。

לָבוֹא בִּטְעָנוֹת אל　～に不平を言う

לפעמים התלמידים באים בטענות אל המורים על מבחנים קשים.

生徒たちは教師に試験が難しいと時々不平を言う。

לְבַזְבֵּז את　～を無駄にする／を浪費する

הרבה אנשים מבזבזים את הזמן בצפיה בטלויזיה.

多くの人はテレビを見ることで時間を無駄にしている。

רוב האנשים אוהבים לבזבז כסף על אוכל טוב, בגדים יפים ועוד.

大多数の人は美味しい食べ物やきれいな服などにお金を浪費したがるものだ。

לִבְחוֹן את　試験を行なう／～を調査する

המורה בוחן את התלמידים פעם בשבוע.

先生は週に一度生徒に試験を行なう。

פקידים בכירים בממשלת יפן בוחנים את האפשרות לפתוח קו תעופה ישיר מיפן לישראל.

日本政府の官僚たちは日本とイスラエルの直航便開設の可能性を調査している。

לִבְחוֹר ב　～を選ぶ

הישראלים בחרו ביצחק רבין לראשות הממשלה בשנת 1992.

1992年にイスラエル人は首相にイツハク・ラビンを選んだ。

לִבְחוֹר את　～を選ぶ

דני בחר את הטבעת הגדולה כמתנה לחברתו דנה.

ダニはガールフレンドのダナに贈り物として大きな指輪を選んだ。

לְבַטֵּא את　～を表現する

דני לא יכול לדבר או לנאום לפני קהל, אבל הוא מבטא את עצמו בשירה ובמוסיקה.

ダニは人前で話をしたり演説したりは出来ないが、音楽や歌で自分を表現する。

לְבַטֵּל את　～を取り消す

חליתי בשפעת, ולכן ביטלתי את הפגישה עם חברתי.

私はインフルエンザに罹ったので、友人との面会を取り消した。

לִבְטוֹחַ ב　～を信頼する／に頼る

אני יכול לבטוח בחברי הטוב אם תהיה לי בעיה כלשהי.

どんな問題が起こっても私は親友を信頼することが出来る。

לִבְכּוֹת על　～について泣く

ביום הזיכרון הישראלים בוכים על האנשים שנהרגו במלחמות והתקפות טרור.

戦没者追悼記念日にイスラエル人は戦争やテロ攻撃で亡くなった人々のことを思って泣く。

ראיתי סרט עצוב ובכיתי.

私は悲しい映画を見て泣いた。

לִבְלוֹעַ את　～を飲み込む

הגרון כואב לי, ולכן אינני יכול לבלוע את האוכל.

喉が痛いから、食べ物を飲み込むことが出来ない。

לְבַלּוֹת את ב / עם ב 〜を楽しむ／を過ごす

בחודש מרץ כדאי לבלות את החופשה באילת כי שם חם.

暖かいので、三月にエイラットで休暇を過ごした方がよい。

ההורים מבלים את החופשה עם הילדים על חוף הים.

親は子どもと海岸で休暇を楽しむ。

לִבְלוֹם את 〜をとどめる／を防ぐ

הצבא הישראלי לא הצליח לבלום את כניסת המתאבדים לישראל.

イスラエル軍は自爆者たちのイスラエル侵入を防ぐことが出来なかった。

לִבְעוֹט ב 〜を蹴る

במישחק כדורגל השחקנים בועטים בכדור.

サッカーの試合で選手たちはボールを蹴る。

כשילדים קטנים כועסים הם בועטים ברגלים במשהו.

小さな子どもが怒ると、何かを足で蹴る。

לְבַצֵּעַ את 〜を遂行する／を為す／を演奏する

כשגומרים לבצע את העבודה מקבלים את התשלום.

仕事をし終わると報酬を得る。

התזמורת ביצעה את היצירה של בטהובן בצורה מרגשת.

オーケストラはベートーベンの作品を感動的に演奏した。

לְבַקֵּר את / אצל 〜を訪問する

אתמול ביקרנו את חברינו הטובים שגרים בתל אביב.

昨日私たちはテルアビブに住む親友を訪ねた。

לְבַקֵּר את 〜を批評する

המבקר ביקר את ההצגה ואמר שהיתה משעממת.

批評家はその公演は面白くなかったと批評した。

לְבַקֵּר ב　～を訪れる／を訪問する

מחר נבקר במוזיאון ישראל בירושלים.

明日私たちはエルサレムにあるイスラエル博物館を訪れる。

לְבַקֵּשׁ מ / מן　～を頼む／を求める

ביקשתי מהחבר שלי להגיע בזמן.

私は友人に時間通りに来るように頼んだ。

ביקשתי את הספר מדני, והוא נתן לי אותו.

私がダニにその本を求めると、ダニはそれをくれた。

לִבְרוֹחַ מ / מן　～から逃げる

העכבר תמיד בורח מהחתול.

ねずみはいつも猫から逃げる。

לְבַשֵּׁל את　～を煮る／を調理する／を料理する

צריך לבשל את הבשר הרבה זמן כדי שיהיה טעים.

肉を美味しくするには長時間調理しなければならない。

ג

גִּישָׁה ל　～へのアクセス／へ通じる道

הגישה לבניין האוניברסיטה מתאימה גם לאנשים בכיסא גלגלים.

大学の建物へ通じる道は車椅子の人にも適している。

גָּמִישׁ כְּלַפֵּי　～に柔軟である

הורים צריכים להיות גמישים כלפי הילדים שלהם.

親は子どもに対して柔軟であるべきだ。

גָּרוּעַ מ / מן　〜より悪い

מה גרוע ממסיבה בלי מוסיקה? - מסיבה עם מוסיקה רועשת.

音楽のないパーティーより悪いものがあるだろうか？　それは騒々しい音楽のパーティーだ。

לִגְבּוֹר על　〜を超える／に勝利する

בבחירות האחרונות בארצות הברית גברו הרפובליקנים על הדמוקרטים.

アメリカの先の選挙で共和党は民主党に勝利した。

לְגַבֵּשׁ את　〜をまとめる／を具体化する

ישראלים רבים עדיין לא גיבשו את דעתם ביחס להחלטה להפוך את ירושלים לעיר בינלאומית.

多くのイスラエル人はエルサレムを国際都市に変えるかの決定についてまだ意見をまとめていない。

לְגַהֵץ את　〜にアイロンをかける

הרבה נשים בעולם נאלצות לגהץ את הבגדים של בני המישפחה.

世界で多くの女性は家族の衣類にアイロンをかけるよう強いられている。

לָגוּר ב　〜に住む

השנה אני גר בישראל כי אני לומד באוניברסיטה בירושלים.

エルサレムの大学で勉強するから、今年私はイスラエルに住む。

לְגַיֵּיס את　〜を徴兵する

בכל שנה צה"ל מגייס את בוגרי בתי הספר התיכוניים.

毎年イスラエル軍は高校の卒業生を徴兵する。

לְגַלּוֹת את ל　〜を打ち明ける／を明らかにする

החברה של רותי גילתה לה את הסוד שלה.

ルティの友達はルティに自分の秘密を打ち明けた。

לִגְמוֹר את　　～を終える

אבא של דני תמיד גומר את העבודה בשעה שבע בערב.

ダニの父親はいつも夕方の７時に仕事を終える。

לִגְעוֹר ב　　～を叱る

המורה גער בתלמידה שלא הכינה את שיעורי הבית.

教師は宿題をしてこなかった生徒を叱った。

לָגַעַת ב　　～に触る／に触れる

הילדה רוצה לגעת בחתול אבל היא פוחדת ממנו.

その女の子は猫に触りたいが猫が怖い。

לִגְרוֹם ל　　～を起こす／にする／となる／をもたらす

מחלה גורמת לנו להיות חלשים.

病気は私たちを弱くする。

ילדים שמצליחים בלימודים גורמים אושר להורים.

学業に優れた子どもは両親に喜びをもたらす。

לְגַשֵּׁר בין לבין　　～と……の橋渡しをする

האמריקאים מנסים לגשר בין הישראלים לבין הפלסטינים.

アメリカ人はイスラエル人とパレスチナ人の橋渡しをしようとしている。

לָגֶשֶׁת ל　　～に近づく

הקונה רצה לגשת למוכר ולשאול על המחיר, אבל לא ידע עברית.

客は店員に近づき値段を聞きたかったが、ヘブライ語を知らなかった。

ד

דוֹמֶה ל 〜に似ている

הילד הזה דומה לאבא שלו. אותן העיניים, אותו האף, אותו הגובה!

その子は父親に似ている。同じ目と鼻、同じ背の高さである！

לִדְאוֹג ל 〜の面倒をみる／の心配をする

האם תמיד דואגת לילדים שלה. היא קונה להם בגדים ומכינה להם אוכל.

母親はいつも子どもの面倒をみる。母親は子どものために衣服を買い食事を用意する。

לְדַבֵּר עם על 〜について……と話す

כל יום, בוקר וערב, דני מדבר עם אמא שלו בטלפון על העבודה שלו.

毎日、朝晩にダニは電話で仕事について母親と話す。

לְדַוֵּוחַ ל(מישהו) על (משהו) 〜について……に報道する／を報告する

העיתונאים מדווחים לנו בכל יום על מה שקורה ברחבי העולם.

新聞記者は毎日世界中で何が起こっているのかについて私たちに報道する。

העובדים מדווחים למנהל כל יום על התקדמות הפרוייקט.

従業員は企画の進捗状況について毎日上司に報告する。

לָדוּן ב 〜について議論する／について討論する

הישראלים והפלסטינים דנים לעיתים קרובות ביחסים הפוליטיים ביניהם.

イスラエル人とパレスチナ人はたびたび両者の政治関係について議論する。

לִדְחוֹף את 〜を押す

בישראל, האנשים דוחפים זה את זה כאשר הם עולים לאוטובוס.

イスラエルではバスに乗るとき、いつも互いに押し合う。

לִדְחוֹת את　～を延期する／を拒絶する／押し返す

המנהל דחה את הפגישה למחר בצהרים.

社長は会議を明日の昼に延期した。

דני העניק מתנה לרותי, אבל רותי דחתה את המתנה.

ダニはルティにプレゼントを渡した。しかしルティはプレゼントを拒絶した。

לְדַכֵּא את　～を抑制する／を制圧する／をおさえる

חיילים צריכים לדכא את רגשות הכאב שלהם.

兵士たちは悲しみの感情を抑制しなければならない。

המשטרה בכל מדינה מדכאת את ההפגנות.

あらゆる国で警察はデモを制圧する。

לָדַעַת את　～を知る

התלמידים החדשים לא יודעים מתי מתחיל השיעור.

新入生たちは授業がいつ始まるのか知らない。

לָדַעַת על　～について知る

אני רוצה לדעת יותר על ההיסטוריה של מדינת ישראל.

私はイスラエル国の歴史についてもっと知りたい。

לְדַפְדֵף ב　～に目を通す

כשהסטודנטים יושבים במועדון הם מדפדפים בעיתונים וכתבי-עת.

学生たちはラウンジにいるとき新聞や雑誌に目を通す。

לִדְרוֹשׁ מ / מן　～に要求する

המורה דורש מן התלמידים להגיע לשיעור בזמן.

教師は生徒が授業に間に合うことを要求する。

לְדָרֵג את　～を評価する

הקהל דירג את המתחרות לפי יופין ולא לפי חוכמתן.

観客は女性競技者たちを知性ではなく美しさで評価した。

ה

הִשְׁתַּתְּפוּת ב　～に参加／に出席

השתתפות בשיעורים היא תנאי לציון עובר בקורס.

授業出席はこのコースに合格する条件である。

הִתְבָּרֵר ל (ש)　～が……に明らかになる／が分かる

משיחת הטלפון עם המזכירה התברר לי שמחר יש חופשה באוניברסיטה.

秘書との電話で明日は大学が休みであることが私に明らかになった。

הִתְנַצְּלוּת על　～（について）を謝罪する／詫びる

איש הדואר הביע התנצלות על העיכוב במסירת החבילה.

郵便配達人は小包の配達が遅れたことを謝罪した。

לְהַאֲזִין ל　～を聴く

כשאני רוצה להתרכז אני מאזין למוסיקה קלאסית.

私は集中したいときクラシック音楽を聴く。

לְהַאֲמִין ב　～を信じる

רוב האנשים בעולם מאמינים באלוהים.

世界のほとんどの人は神を信じている。

לְהַאֲמִין ל　～を信頼する

רוב הישראלים לא האמינו ליאסר ערפאת שהיה נשיא הרשות הפלשתינית.

ほとんどのイスラエル人は、パレスチナ自治政府の議長であったヤーセル・アラファトを信頼しなかった。

לְהַאֲשִׁים את ב　～で……を非難する
מיכאל בן השש האשים את אחותו בת הארבע בשבירת האגרטל.
六歳のミカエルは花瓶を壊したことで四歳の妹を非難した。

לְהַבְדִּיל בין לבין　～を区別する
צריך להבדיל בין מלח לבין סוכר, אחרת המרק ייצא מתוק!
砂糖と塩を区別しなければならない、さもないとスープが甘くなってしまう！

לְהַבְהִיר את ל　～を明らかにする／を……にはっきり指摘する
מנהלי החברה הבהירו לעובדים את מצבה הקשה של החברה.
会社の経営者たちは会社の厳しい状況を社員に明らかにした。

לְהַבְחִין ב　～に気づく／を区別する
בעל החנות הבחין בשני אנשים זרים לפני חנותו והזעיק את המשטרה.
その店の主人は店の前の見知らぬ二人の男に気づいて警察を呼んだ。
סוציולוגים מבחינים בין "חברה של חטא" ל"חברה של בושה".
社会学者は「罪の社会」と「恥の社会」を区別する。

לְהַבְטִיחַ (את) ל　～に……を約束する
האם הבטיחה לבתה מסיבה גדולה ליום הולדתה.
母親は娘に誕生日のための大きなパーティーを約束した。

לְהַבְטִיחַ ל ש　～と……に約束する／に保証する
ההורים שלנו הבטיחו לנו שכשנגדל יהיה שלום.
両親は私たちが大きくなったときには平和になると私たちに約束した[49]。

49　戦争のおそれがあるイスラエルでは、子どもが大きくなった時には平和であるようにと願い、この言葉を子どもに語る。

לְהַבִּיט ב ～をじっと見つめる

היפנים מביטים בזרים ברחוב, אבל לא מביטים זה לזה בעיניים.

日本人は路上で外国人をじっと見つめるが、日本人同士は目を見つめることはない。

לְהָבִיךְ את ～を当惑させる／に恥をかかせる

לפעמים אנחנו מביכים מורים בשאלות שהם לא יכולים לענות עליהן.

私たちは先生が答えられない質問をして時々先生たちを当惑させる。

לְהָבִין את ～を理解する

בשיעור עברית אני בדרך כלל מבין את המילים החדשות שהמורה משתמשת בהן.

ヘブライ語の授業で先生が使う新しい単語を私はだいたいいつも理解している。

לְהַבִּיעַ את ～を表現する

יש אנשים שקשה להם להביע את דעתם בציבור.

公の場で自分の意見を表現することが難しい人もいる。

לְהָגִיב על ～に応える／に対応する

הסופר המפורסם לא רצה להגיב על הביקורת השלילית לספרו.

その有名な作家は自分の著書に関する否定的な批評に応えたくなかった。

לְהַגְדִּיל את (ב) ～を拡張する／を大きくする

ההנהלה של האוניברסיטה מעוניינת להגדיל את הקמפוס.

大学の理事会はキャンパスを拡張することに関心を持っている。

לְהַגְדִּיר את כ ～と考えている／を……と定義する

אני מגדיר את עצמי כישראלי יהודי, אבל אני גם אזרח אמריקאי.

私は自分自身をイスラエルのユダヤ人と考えているが、私はアメリカ国民でもある。

לְהַגִּיעַ ל   ～に着く

כשרותי מגיעה בבוקר לבית הספר היא מתקשרת לאמה בטלפון.
ルティは朝学校に着いたら母親に電話をする。

לְהַדְחִיק את   （無意識下に）～を抑圧する

הנערה הדחיקה את הזכרון של אביה, שהכה אותה בילדותה.
その若い女性は子どもの頃に自分を殴った父親の記憶を抑圧した。

לְהוֹבִיל (את) ל   ～へ（……を）導く

משה הוביל את בני ישראל לארץ כנען במשך ארבעים שנה.
モーセはイスラエルの民を40年間カナンの地へ導いた。

לְהוֹדוֹת ל (על)   （～について）……に感謝する

אנחנו הודינו למשפחה הישראלית על ארוחת הערב הטעימה שהגישו לנו.
私たちは美味しい夕食を用意したイスラエル人の家族に感謝した。

לְהוֹדוֹת ש   ～を認める／を告白する

עובד המדינה הבכיר הודה שמשרדו פירסם מידע שגוי.
政府の高官は自分の省が間違った情報を公表したことを認めた。

לְהוֹדוֹת ב   ～を認める

חבר הכנסת לא רצה להודות בטעות שלו וסרב להתפטר.
その国会[50]議員は自分の失敗を認めることを望まず、辞職を拒否した。

לְהוֹדִיעַ ל על   ～について……に伝える

המורה הודיע לתלמידים על הבחינה שבוע לפני התאריך.
教師は生徒たちに試験があることをその日の一週間前に伝えた。

---

50 イスラエルの国会はクネセットと呼ばれる。

לְהוֹכִיחַ ל ש ～を証明する

הסנגור במישפט הוכיח לשופט שהנאשם לֹא היה במקום הרצח בזמן הרצח ולכן הנאשם זוּכָּה.

裁判で弁護士は裁判官に被告が殺害時間に殺害現場にいなかったことを証明したので、被告は無罪となった。

לְהוֹלִיךְ את ל ～に……を連れて行く

הילד הוליך את הזקן לסופרמרקט.

その少年はスーパーマーケットに老人を連れて行った。

לְהוֹסִיף ל ～を加える

האופה הוסיף יותר מידי סוכר לעוגה, ולכן העוגה היתה מתוקה מידי.

菓子職人はケーキに多くの砂糖を加え過ぎたので、ケーキは甘くなり過ぎた。

לְהוֹעִיד את ל ～を……に運命づける

האב הועיד את בנו הבכור לתפקיד מנהל החברה אחריו.

父親は長男に自分の後を継いで会社の経営者となることを運命づけた。

לְהוֹפִיעַ ב / ל ～に掲載される／に現れる

המאמר של דני הופיע היום בעמוד הראשון של העיתון.

ダニの記事は今日の新聞の一面に掲載された。

אורי לא הופיע היום לישיבת המורים כי הוא חלה.

今日ウリは病気だったので職員会議に現れなかった。

לְהִזְדַּהוֹת עם ～に自分を重ねて見る／と自分を同一視する／に共鳴する

בחורות צעירות מזדהות עם גיבורות בספרים ובסרטים.

若い女性は映画や本のヒロインたちに自分を重ねて見る。

לְהַזְהִיר את מ / מפני　～を……に注意する

צריך להזהיר את הילדים מפני מכוניות בכביש.

子どもたちが道路で車に注意するように言わなければならない。

לְהַזִּיק ל　～を傷める／に害を与える

מקום רטוב או לח מזיק לספרים.

濡れた場所や湿った場所は本を傷める。

לְהַזְכִּיר (את) ל　～と言い聞かせる／を思い出させる

אמא תמיד מזכירה לילד שלה לרחוץ ידיים לפני האוכל.

母親は食事前に手を洗うように子どもにいつも言い聞かせる。

ספר הבישול הזה מזכיר לי את האוכל של אמא שלי.

この料理の本は私に母の料理を思い出させてくれる。

לְהַזְמִין (את) ל　～を招く／を招待する

הזמנתי את רותי למסיבת יום ההולדת שלי.

私の誕生日パーティーにルティを招いた。

לְהַזְמִין (את)　～を注文する

כשאכלנו במיסעדה הזמנתי מנה של המבורגר וצ'יפס.

私たちがレストランで食事をしたとき、ハンバーガーとポテトチップスを注文した。

לְהַחְזִיק ב　～を持つ／を握る

ילד שלומד לראשונה לכתוב מחזיק בעיפרון בחוזקה.

初めて書き方を学んだ子どもは鉛筆を強く握る。

בקרב הישראלים יש המחזיקים באמונה שעם ישראל הוא העם הנבחר.

イスラエル人の中にはイスラエルの民は選民であるという信仰を持つ者がいる。

לְהַחְלִיט על ～を決める／を決定する

ועדת החינוך של העיריה החליטה על הקמת בית הספר החדש.

市の教育委員会は新しい学校の建設を決定した。

לְהַחְלִיט ש ～を決める／を決定する

מנהל בית הספר החליט שהתלמידים יבקרו במוזיאון פעמיים בשנה.

校長は生徒が年に二回美術館を訪れることを決めた。

לְהַחְלִיף את ב ～を……と交換する

אני רוצה להחליף את האופניים שלי באופנוע.

私は自分の自転車をバイクと交換することを望んでいる。

לְהַחְרִיף את ～を強化する

העובדים מחריפים את המאבק נגד הממשלה. הם יפתחו בשביתה כללית בשבוע הבא.

労働者は政府に対する闘争を強化した。労働者は来週ゼネラル・ストライキを行なう。

לְהֵחָשֵׁב ל ～と見られる

ישראל נחשבת למדינה המפותחת ביותר במזרח התיכון.

イスラエルは中東で最も発展した国と見られている。

לְהַטּוֹת את ～を活用させる／（方向）を変える

המורה ביקש מהתלמידים להטות את הפעלים בבניין קל.

教師は生徒たちにその動詞をカル態で活用させるように求めた。

בארצות שונות מטים את הנהרות, וכך נהרסים כפרים ונוצרות בעיות אקולוגיות.

様々な国で川の流れを変えているため、村々が破壊され環境問題が起こっている。

לְהַטִיל על　　〜に指示する

המרצה הטיל על הסטודנטים לערוך מחקר על החברה הישראלית.

講師は学生たちにイスラエルの社会について研究するように指示した。

לְהַטְרִיד את　　〜をイライラさせる／を邪魔する

הנערה שדיברה בטלפון הסלולרי ברכבת הטרידה אותי.

電車内で携帯電話で喋っていた若い女性は私をイライラさせた。

לְהִיבָּהֵל מ / מן　　〜を恐がる

הילד נבהל מהכלב שהיה גדול ושחור.

少年は黒くて大きい犬を恐がった。

לְהִידָּבֵר עם　　〜を話し合う

שר החוץ של ישראל ושר החוץ של מצרים נדברו זה עם זה להיפגש השבוע.

イスラエルとエジプトの外務大臣は今週会うことを互いに話し合った。

לְהִיוָּולֵד ב　　〜で生まれる

בכל שנה נולדים מיליוני תינוקות ברחבי העולם.

毎年何百万もの赤ん坊が世界中で生まれている。

לְהִיוָּועֵד עם　　（公式に）〜と会談する

השרים נועדו עם ראש הממשלה בחצות הלילה בשל דחיפות העניין.

緊急の事案のため、大臣たちは真夜中に首相と会談した。

לִהְיוֹת ב / לִהְיוֹת עם　　（場所）にいる／（人）といる

אתמול הייתי בתל-אביב, ופגשתי את חברתי רותי.

昨日私はテルアビブにいて友達のルティに会った。

בקיץ היינו עם חברים בחופשה בתורכיה.

この夏私たちは休暇で友人たちとトルコにいた。

לִהְיוֹת ל 〜となる

חברי היה לאדם דתי לאחר שניצל בתאונת דרכים קשה.

私の友人は大きな交通事故で助かった後、信仰深い人間になった。

לִהְיוֹת נֶאֱמָן ל 〜に忠実である

אומרים שהעובד היפני נאמן יותר למקום עבודתו מאשר למדינתו.

日本のサラリーマンは国家よりも自分の会社に忠実であると言われている。

לִהְיוֹת בְּעַד / נֶגֶד 〜に反対する／に賛成する

לפעמים קשה להחליט אם להיות בעד או נגד שינויים חברתיים.

社会の諸変化に対して支持・不支持を決定することはときに困難である。

לְהִיזָּכֵר ב 〜を思い出す／を覚えている

הוא רצה להיזכר בשם של הספר אבל לא הצליח.

彼はその本の名前を思い出したかったが、出来なかった。

לְהִיכָּנֵס ל / אל 〜に入る

המורה נכנס לכיתה בדיוק בשעה 9 בבוקר.

先生は朝の 9 時丁度に教室に入る。

לְהִיכָּנַע (ל) 〜に降伏する／に譲歩する

מלחמת העולם השניה הסתיימה במזרח הרחוק כשיפן נכנעה.

日本が降伏したとき、極東での第二次世界大戦は終わった。

הנהלת החברה נכנעה לדרישות של העובדים.

会社の経営陣は、労働者の要求に譲歩した。

לְהִילָּחֵם ב / נגד　～と戦う
ארצות דמוקרטיות נלחמות נגד דיקטטורות.
民主主義国家は独裁国家と戦っている。
במערב נלחמים בעוני בעזרת חוקים סוציאליים.
欧米諸国では社会福祉法によって貧困と戦う。

לְהִימָּנַע מ / מן　～を控える
חברי מעשן סיגריות כבר הרבה שנים, אבל לידי הוא נמנע מלעשן.
私の友人は何年も煙草を吸っているが、私のそばにいるときは吸うことを控える。

לְהִימָּצֵא ב　～にある／にいる
האוניברסיטה שלנו נמצאת במרכז העיר קיוטו.
私たちの大学は京都の中心にある。

לְהֵיעָלֵב מ / מן　気分を害する／（心理的に）傷つく
לילד של רותי יש מישקפיים. כשהילדים בבית הספר קוראים לו "מישקפופר" הוא נעלב מהם.
ルティの息子は眼鏡をかけている。学校で他の子どもたちが、「ミシュカフォフェル（眼鏡っ子）」と呼ぶとき、彼は気分を害する。

לְהֵיעָרֵךְ ל　準備をする
בית הספר נערך במשך שבועיים לביקור של נשיא המדינה.
大統領の訪問に備えて学校は二週間にわたって準備をした。

לְהֵיעָרֵךְ ב　～で開催される／で催される
קבלת הפנים לנשיא המדינה נערכה בחצר בית הספר.
大統領のための歓迎会は、校庭で催された。

לְהִיפָּגַע מ / מן　　　　　負傷（怪我）をする／に傷つく

שלושה אנשים נפגעו מהתנגשות רכבת ומכונית.
列車と車の衝突で、3人が負傷をした。

החברה שלי נפגעה מהדברים שאמרה לה המורה.
私の友人は教師の言った言葉に傷ついた。

לְהִיפָּגֵשׁ עם　　　　　～に会う

ראש הממשלה הישראלי רוצה להיפגש עם מנהיגים מהעולם הערבי.
イスラエルの首相はアラブ世界の指導者たちに会うことを望んでいる。

לְהִיפָּטֵר מ / מן　　　　　～を駆除する／除く

בדרך כלל קשה להיפטר מחרקים בבית.
家の中の害虫を駆除するのは一般的に難しい。

לְהִיפָּרֵד מ / מן　　　　　～から離れる／と別れる

כשנסעתי ללמוד בישראל נפרדתי מהורי בשדה התעופה.
私はイスラエルで勉強するために旅立ったとき、空港で両親と別れた。

לְהִיקָּלֵט ב　　　　　～に溶け込む

עולים שהגיעו מברית המועצות נקלטו היטב בחברה הישראלית.
ソビエト連邦から来た新しい移民はイスラエルの社会にうまく溶け込んだ。

לְהִישָּׁאֵר ב　　　　　～に残る

אחרי השיעור נשארתי בכיתה כדי לשאול את המורה כמה שאלות.
授業の後私は先生にいくつか質問をするために教室に残った。

לְהָכִין את　　　　　～を準備する

כל ערב אני מכין את ארוחת הערב לאישתי ולילדים.
毎晩私は妻と子どもたちのために夕食を準備する。

לְהַכִּיר את　～を知っている[51]

אני מכיר את רותי כבר עשר שנים.

私はルティを十年ほど知っている。

אני לא מכיר את הספר שכתבה רותי.

私はルティが書いた本を知らない。

לְהַכִּיר ב　～と認める

בית המישפט באיטליה הכיר בבן של שחקנית הקולנוע כבנו של ראש הממשלה.

イタリアの裁判所は映画女優の息子を首相の子どもと認めた。

לְהַכְחִיש את　～を否定する

חבר הכנסת הכחיש את הידיעה שהתפרסמה עליו בעיתון.

その議員は新聞で報道された自分についての記事を否定した。

לְהַכְנִיס את ל　～に……を入れる

בסוף השיעור התלמידים הכניסו את הספרים לתיקים.

授業が終わると生徒たちは本をかばんに入れた。

לְהַכְשִׁיל את ב　～を落第させる

המורה למתמטיקה הכשיל את התלמיד בבחינה.

数学の教師は試験でその生徒を落第させた。

לְהַמְלִיץ למישהו על　～を……に薦める

החבר שלי המליץ לנו על הסרט היפני החדש.

私の友人は新しい日本映画を私たちに薦めた。

51　「知っている」に相当するヘブライ語には２つあり、להכירと異なりלדעתは性的な関係を含む。

לְהַמְשִׁיךְ את / ב　～を続ける

למרות הרעש מחוץ לכיתה המשיך המורה לקרוא את הסיפור לתלמידים.

教室の外の騒音にもかかわらず教師は生徒に物語を読み続けた。

למרות הרעש המשיך המורה בקריאת הסיפור.

騒音にもかかわらず教師は物語を読み続けた。

לְהָנִיחַ את על　～に……を置く

הנחתי את הספר על השולחן כדי לענות לטלפון.

私は電話に出るために机の上に本を置いた。

לְהָנִיחַ ל　～を放っておく／を離す

הילד החזיק במכנסיים של אביו, ולא הֵנִיחַ לו עד שהאב הסכים לשחק איתו.

子どもは父親のズボンをつかんで、父親が自分と遊ぶというまで離さなかった。

לְהָנִיחַ ש　～と想定する

מנהל החברה הֵנִיחַ שהמצב הכלכלי ישתפר, ולכן שכר עובדים חדשים.

その会社の経営者は経済状況が好転すると想定したので、新しい社員を雇用した。

לְהָנִיעַ את　～を動機づける／のきっかけとなる

ההחלטה של יצחק רבין להיפגש עם ערפאת בוושינגטון הניעה את תהליך השלום בתחילתו.

ワシントンでアラファト議長と会談しようとしたイツハク・ラビンの決意が和平行程のきっかけとなった。

לְהַסְבִּיר את ל　～に……を説明する

המורה מסבירה לתלמידים את המילים החדשות.

教師は生徒に新しい単語を説明する。

לְהַסְבִּיר פָּנִים ל　〜を出迎える／を歓迎する

ביפן העובדים בחנויות מסבירים פנים לקונים בקריאה "ברוך הבא" בכניסה לחנות.

日本で店員は店の入口で「いらっしゃいませ」と声をかけて客を出迎える。

לְהַסְכִּים ל　〜に賛成する／に同意する

הסכמתי לדבריו של המרצה על התחממות כדור הארץ.

私は講師の地球温暖化についての意見に賛成した。

הסכמתי לנסוע ביום שני למוזיאון ישראל.

私は月曜日にイスラエル博物館へ行くことに同意した。

לְהַסְמִיךְ את ל　〜に……する権限を与える

ראש הממשלה הסמיך את שר החוץ לנהל משא ומתן עם שר החוץ המצרי.

首相は外務大臣にエジプトの外務大臣と交渉する権限を与えた。

לְהִסְתַּגֵּל ל / אל　〜に順応する

בישראל חיים הרבה אנשים שבאו מארצות שונות. למבוגרים קשה להסתגל לחיים בישראל. ילדים, לעומת זאת, מסתגלים למקום חדש ושפה חדשה במהירות.

イスラエルではいろいろな国から来た人々が暮らしている。年配の者がイスラエルの生活に順応するのは難しい。それに比べると子どもは新しい場所や新しい言葉に素早く順応する。

לְהִסְתַּיֵּג מ / מן　〜を留保する

הרבה ישראלים פוחדים מסוריה ולכן מסתייגים מחתימת חוזה שלום איתה.

多くのイスラエル人はシリアを恐れているので、シリアとの平和条約を留保している。

לְהִסְתַּלֵּק מ / מן　（場所）から素早く逃げ去る

הגנב לקח את התיק שלי מהכסא והסתלק מן המיסעדה.

泥棒はイスから私のかばんを取って、レストランから素早く逃げ去った。

לְהִסְתַּמֵּךְ על 〜に依拠する／を信頼する／をあてにする

כשכתבתי את עבודת הגמר, הסתמכתי על ספרו של החוקר המפורסם.

私は卒業論文を書いたとき、有名な研究者の本に依拠した。

לְהִסְתַּפֵּק ב 〜に満足する

בבוקר דני לא מסתפק בכוס אחת של קפה. הוא שותה לפחות שתי כוסות קפה.

朝ダニはコーヒー一杯では満足しない。彼は少なくとも二杯は飲む。

לְהַעֲבִיר את ל / אל 〜に移す／に移動する

אתה יכול להעביר את הספרים לשולחן השני בבקשה?

これらの本を別のテーブルに移して頂けませんか？

לְהַעֲדִיף את על (פני) 〜より……を好む

אני מעדיף את המיסעדה הסינית בשכונה על פני המיסעדה הסינית במרכז העיר.

私は街の中心にある中華料理店より近所の中華料理店の方を好む。

לְהָעִיף מַבָּט על 〜を一瞥する

המורה נכנס לכיתה והעיף מבט קצר על התלמידים. התלמידים היו עייפים מאוד.

教師は教室に入って生徒たちを一瞥した。生徒たちは大変疲れていた。

לְהַעֲמִיד את 〜を置く

רותי העמידה את העציץ על יד החלון הגדול.

ルティは大きな窓の近くに植木鉢を置いた。

לְהַעֲמִיד אֶת (מִישֶׁהוּ) לְמִשְׁפָּט 〜を裁判にかける

המדינה העמידה למישפט את מנהלי הבנקים על שימוש לא חוקי בכסף של הלקוחות.

顧客の資金を違法に運用したことで銀行の経営者を国は裁判にかけた。

לְהַעֲמִיד אֶת (מִישֶׁהוּ) עַל טָעוּת 間違いを指摘する

החברים שלי העמידו אותי על טעותי, כשרציתי לנסוע בשבת באוטובוס (בישראל, בשבת חברת האוטובוסים הציבורית לא עובדת).

土曜日にバスで移動したいという私の間違いを友人は指摘した（イスラエルでは土曜日に公共交通のバスは動かない）。

לְהַעֲנִיק ל ～をプレゼントする／（価値のあるもの）を与える

ביום ההולדת שלי העניק לי אבי במתנה מכונית.

私の誕生日に父は車をプレゼントした。

לְהַעֲסִיק את ～を雇う／に熱中させる

הספריה באוניברסיטה מעסיקה את הסטודנטים בשעות אחר הצהריים.

大学の図書館は午後に学生たちを雇っている。

הגננת מעסיקה את הילדים הקטנים במישחקים.

保母は幼児をゲームに熱中させる。

לְהַעֲרִיךְ את ～を見積もる／を評価する

חברת הביטוח מעריכה את הנזק שנגרם בגלל השריפה.

保険会社は火事で蒙った損害を見積る。

במיפעל מעריכים מאוד את דני, כי הוא עובד קשה מאוד.

ダニは大変熱心に働くから、工場ではダニを高く評価している。

לְהַפְגִּין בְּעַד / נֶגֶד ～（に反対する）／（に賛成する）デモを行う

אנשים בהולנד הפגינו נגד אלימות ובעד סובלנות דתית.

オランダの人々は暴力反対と宗教の寛容性に賛成するデモを行った。

לְהַפְגִּישׁ בֵּין לְבֵין ～と……を引き合わせる

חברי דני הפגיש ביני לבין אישתי רחל.

私の友人ダニは私と妻のラケルを引き合わせた。

לַהֲפוֹךְ ל 　～になる

כששׂמים צבע צהוב בתוך צבע כחול הצבע הופך לירוק.

青色に黄色を混ぜると緑色になる。

בישראל צעירים בני 18 מתגייסים לצבא, ובזמן קצר הופכים למבוגרים.

イスラエルで青年は18歳で兵役に就いて、短期間で大人になる。

לְהַפְחִית ב 　～を減らす

אנשים שעושים דיאטה צריכים להפחית בכמות האוכל שהם אוכלים בכל יום.

ダイエットをしている人は一日の食事量を減らさなくてはならない。

לְהַפִּיל את 　～を落とす

הילד הפיל את הכוס מהיד ולכן הוא בכה.

その子どもは手からコップを落としたので泣いた。

לְהַפְנוֹת את ל / אל 　～を誘導する／を指示する

השומר מפנה את האנשים שבאים להרצאה אל האולם המרכזי.

警備員は講義を聴きに来た人たちを中央ホールに誘導している。

המרצה הפנה את הסטודנטים למאמר חדש בנושא ההרצאה.

講師は講義に関する新しい論文を学生たちに指示した。

לְהַפְסִיק את 　～を止める

דנה הפסיקה לנגן בפסנתר, כשהאורחים נכנסו לבית.

客が家に入ったとき、ダナはピアノを弾くのを止めた。

לְהַפְרִיד בֵּין לְבֵין 　～を引き離す

ראיתי ברחוב שני ילדים שרבו, והפרדתי ביניהם.

道で喧嘩をしている二人の子どもを見て、私は彼らを引き離した。

לְהַפְרִיז ב　〜し過ぎる

אנשים שמפריזים בשתיית אלכוהול נעשים חולים.

アルコールを飲み過ぎる人は病気になる。

לְהַפְרִיעַ ל　〜の邪魔をする／に迷惑をかける

בישראל אסור להרעיש ולהפריע לשכנים אחרי 12:00 בלילה.

イスラエルでは夜の12時以降に騒音を出して近所に迷惑をかけることは禁じられている。

לְהַצְבִּיעַ על　〜を指差す／を指摘する

כשנסענו באוטובוס דני הצביע על בניין גבוה ואמר לי שזאת האוניברסיטה העברית.

私たちがバスに乗っていたとき、ダニは高い建物を指差して、あれがヘブライ大学だと私に言った。

לְהַצְהִיר ש　〜と公言する／と宣言する

כל ראשי הממשלות של ישראל הצהירו שהם רוצים שלום.

イスラエルの歴代全ての首相は平和を望んでいると公言してきた。

לְהַצְחִיק את　〜を笑わせる

לפעמים המרצה מספר בדיחה כדי להצחיק את הסטודנטים.

講師は生徒を笑わせるために時折冗談を言う。

לְהַצִּיג בִּפְנֵי / ל　(……の前で) 〜を演じる／を提出する

הסטודנטים הציגו מחזה של שייקספיר בפני ההורים.

学生たちは親の前でシェークスピアの劇を演じた。

הממשלה מציגה השבוע חוקים חדשים לכנסת.

政府は今週に新しい法案を議会に提出する。

לְהַצִּיעַ ל (את) ～に……を勧める

היה קר, ולכן הצעתי לחברה שלי את המעיל שלי.

寒かったから、私はガールフレンドに自分のコートを勧めた。

אני מציעה לכם לקרוא עיתון כל יום כדי לדעת מה קורה בעולם.

世界で何が起こっているのか知るために新聞を毎日読むことを私はあなたたちに勧める。

לְהָצִיק ל ～をいじめる／を悩ませる

רוני ילד בן עשר אבל הוא נמוך מאוד, לכן חבריו לכיתה מציקים לו.

ロニは十歳の子どもだが大変背が低いので、彼のクラスメートたちは彼をいじめる。

לְהַצְלִיחַ ב ～いい点を取る／に成功する

התלמידים שלי תמיד מצליחים בבחינות בעברית.

私の生徒たちはいつもヘブライ語の試験でいい点を取る。

לְהַקְדִּישׁ (את) ל ～に……を捧げる

אני מקדיש את רוב הזמן שלי לעבודה במפעל.

私は自分のほとんどの時間を工場での仕事に捧げている。

לְהָקִים את ～を設立する

אנחנו רוצים להקים בית ספר חדש לילדים בירושלים.

私たちはエルサレムで子どもたちのために新しい学校を設立したい。

לְהַקְשִׁיב ל （注意深く）～を聴く

כל בוקר אני מקשיב לתוכנית בעברית קלה ברדיו.

私は毎朝ラジオで平易なヘブライ語の番組を聴く。

לְהַרְאוֹת (את) ל　　～に……を見せる

מדריכת הטיולים מראה לתיירים את העיר העתיקה.

旅行案内人は旅行者に旧市街を見せる。

לְהַרְבּוֹת ב　　たくさん～をする

בישראל מרבים בשתיה של מים בגלל החום והיובש.

イスラエルでは暑さと乾燥のため、人々はたくさん水を飲む。

לְהַרְגִּישׁ ב　　～を感じる

הרגשתי בריח של גז בבית ורצתי מהר למיטבח.

私は家の中でガスの匂いを感じたので、急いで台所に走った。

לְהַרְגִּיעַ את　　～を落ち着かせる

הילד בכה מאוד והאמא הרגיעה אותו בשיר.

子どもが激しく泣いたので母親は歌でその子を落ち着かせた。

לְהַרְדִּים את　　～を眠らせる

ההרצאה של המורה היתה משעממת, ולכן הרצאתו הרדימה את הסטודנטים.

その教師の講義は退屈だった。だから彼の講義は生徒を眠らせてしまった。

לַהֲרוֹג את　　～を殺す

במלחמה החיילים לפעמים הורגים אזרחים בטעות.

戦争で兵士たちは時々誤って民間人を殺すことがある。

לַהֲרוֹס את　　～を破壊する

כשיש מלחמה הצבא הורס בתים של אזרחים.

戦争のとき軍隊は民間人の家を破壊する。

לְהַרְחִיק את מ　～を……から遠ざける

צריך להרחיק את הילדים מתנור חשמל.

子どもを電気ストーブから遠ざけなければならない。

לְהַשְׁאִיל את (ל)　～を貸す

אני השאלתי את המילון לחברי כדי שישתמש בו במבחן.

私は友人が試験で使うために辞書を貸した。

לְהַשְׁאִיר את　～に置く／を残す／（ある状態の）ままにする

בישראל הסטודנטים משאירים את התיק מחוץ לספריה.

イスラエルで学生はかばんを図書館の外に置いておく。

הרופא השאיר את דני בבית החולים כי לא ירד לו החום.

熱が下がらなかったので医者はダニを入院させたままにした。

לְהָשִׁיב ל על　～に答える

המורה תמיד משיב לתלמידים על השאלות שלהם.

その教師はいつも生徒の質問に答える。

לְהָשִׁיב את ל　～を……に返す

בספריה של האוניברסיטה הסטודנטים לא משיבים את הספרים למדף.

大学の図書館では学生は本を棚に返さない。

לְהַשִּׂיג את　～を出す／手に入れる／をとる／に間に合う

החבר שלי השיג את הציון הגבוה ביותר בכיתה.

私の友人はクラスで一番の成績をとった。

דני השיג את התוצאה הטובה ביותר בריצת מאה מטר.

ダニは100メートル走で一番良い記録を出した。

מיהרנו לאוטובוס אבל לא השגנו אותו.

私たちはバスに急いだが、バスに間に合わなかった。

לְהַשְׁלִים את ～を完成させる

לאחר עבודה של חודשיים השלמנו את השיפוץ של הבית.
２ヶ月の作業の後私たちは家の修繕を完成させた。

לְהַשְׁלִים עם ～と和解する／と調停する

ירדן ומצרים השלימו עם ישראל. היום יש שלום בין המדינות האלה.
ヨルダンとエジプトはイスラエルと和解した。今日これらの国との間に平和がある。

בחיים אנחנו צריכים ללמוד להשלים עם המציאות. לא תמיד המציאות נעימה.
実生活の中で私たちは現実を受け入れることを学ばなければならない。現実はかならずしもいつも心地良いとはかぎらない。

לְהַשְׁמִיד את ～を絶滅させる

הנאצים במלחמת העולם השניה רצו להשמיד את כל יהודי אירופה.
第二次世界大戦中のナチはヨーロッパの全ユダヤ人を絶滅させることを望んでいた。

לְהַשְׁפִּיעַ על ～に影響を及ぼす／与える

מזג אוויר חם משפיע על הנהגים. הם עצבניים ועייפים בקיץ.
暑い天候は運転手に影響を及ぼす。夏、彼らはいらいらしたり疲れたりする。

הכלכלה האמריקאית משפיעה על הכלכלה העולמית.
アメリカの経済は世界の経済に影響を与える。

לְהַשְׁקִיעַ ב ～に投資をする／に力を注ぐ

ביפן ההורים משקיעים הרבה כסף בחינוך של הילדים.
日本で親は子どもの教育に多額の投資をする。

אני רוצה להשקיע מאמץ בלימוד עברית.
私はヘブライ語の勉強に力を注ぎたい。

לְהִשְׁתַּמֵּשׁ ב ～を使う

המורה משתמשת בעט אדום לתיקון מבחנים.
教師は答案を添削するために赤ペンを使う。

לְהִשְׁתַּעֲמֵם מ / מן ～に退屈する

הוא משתעמם משיעורי ספרות כי הוא אוהב מתמטיקה.
彼は数学が好きなので文学の授業に退屈する。

לְהִשְׁתַּפֵּר ב ～が向上する／に上達する

בבחינה הראשונה במתמטיקה דני לא ידע דבר. לבחינה השניה הוא למד היטב ולכן הצליח. דני השתפר במתמטיקה.
一回目の数学の試験で、ダニは何も分からなかった。次の試験のためにダニは大変熱心に勉強したので良い成績を取った。ダニは数学の学力が向上した。

לְהִשְׁתַּתֵּף ב ～に参加する

חוקרים מכל העולם השתתפו בקונגרס לדתות שהיה בטוקיו השנה.
今年東京で開催された宗教学会に世界中から学者が参加した。

לְהִתְאַהֵב ב ～と恋に落ちる

דני התאהב ברותי כשהם היו בצבא, ואחר כך הם התחתנו.
軍隊にいたときダニはルティと恋に落ち、その後彼らは結婚した。

לְהִתְאַכְזֵב מ / מן ～に失望する／にがっかりする

העובדים התאכזבו מההחלטה של המנהל. הוא סרב לתת להם חופשה.
労働者たちは経営者の決定に失望した。経営者は労働者に休暇を与えることを拒否した。

לְהִתְאַקְלֵם ב　～に順応する

עולים חדשים בישראל בדרך כלל לומדים עברית ומתחילים לעבוד, ולכן הם מתאקלמים מהר בחברה.

イスラエルで移民は通常ヘブライ語を学んで働き始めるので、移民たちは社会にすみやかに順応する。

לְהִתְבַּטֵּא ב　～で（自分を）表現する

החבר שלי יכול להתבטא ברהיטות בשלוש שפות: עברית אנגלית ויפנית.

私の友人はヘブライ語、英語、日本語の三カ国語で流暢に表現できる。

לְהִתְגָּאוֹת ב　～を誇る

ישראל מתגאה ביכולת שלה לגדל ירקות באיזור מדברי.

イスラエルは砂漠地帯で野菜を作る能力を誇っている。

לְהִתְגַּבֵּר על　～を克服する／我慢する

סטיבי וונדר היה עיוור, אך התגבר על נכותו והיה למוסיקאי מפורסם.

スティービー・ワンダーは盲目であったが、障害を克服して有名な音楽家になった。

הפצוע לא היה יכול להתגבר על הכאב והתחיל לבכות.

その負傷者は痛みを我慢することが出来ず泣き始めた。

לְהִתְגַּיֵּס ל　軍隊に入る

בישראל נערים בגיל שמונה עשרה מתגייסים לצבא.

イスラエルでは18歳で若者は軍隊に入る。

לְהִתְגַּעְגֵּעַ ל　～を懐かしむ／を恋しく思う

דני לומד השנה בחוץ לארץ והוא מתגעגע מאוד למישפחה ולחברים שלו בארץ.

ダニは今年留学しているが、イスラエルの家族と友達を大変恋しく思っている。

לְהִתְגָּרֵשׁ מ　　～と離婚する

חברתי התגרשה מבעלה אחרי שהיו נשואים הרבה שנים.

私の友人は長年結婚していた後に、夫と離婚した。

לְהִתְוַוכֵּחַ עם / על　　～について……と議論する

פוליטיקאים תמיד מתווכחים זה עם זה על נושאים שונים.

政治家たちは常に様々なテーマについて互いに議論する。

לְהִתְחַבֵּא ב　　～に隠れる

הילד שיחק ב"מחבואים" עם אמא שלו. הוא התחבא בארון הבגדים ואמא שלו חיפשה אותו בכל הבית.

子どもは母親と「隠れんぼ」で遊んだ。子どもは洋服ダンスの中に隠れて、母親は家中を探し回った。

לְהַתְחִיל ב / את　　～に始まる／を始める

באוניברסיטת דושישה השיעור הראשון מתחיל בשעה תשע.

同志社大学の一時間目は9時に始まる。

אני מתחיל את העבודה באוניברסיטה בשעה תשע.

私は9時に大学の仕事を始める。

לְהִתְחַשֵּׁב ב　　～に気を遣う

אדם שגר בבית דירות צריך להתחשב בשכנים.

アパートの住人は隣近所に気を遣わなければならない。

מִתְחַשֵּׁק ל　　～したくなる／を欲する

בקיץ כשחם מתחשק לי לאכול אבטיח קר.

夏の暑いとき私は冷たいスイカが食べたくなる。

第５章　前置詞を用いた文例とその特徴

לְהִתְיָיאֵשׁ מ / מן　～を諦める／を断念する

חיפשתי את הספר בכל הבית במשך שעתיים, עד שהתייאשתי מלחפש.

私は探すのを諦めるまで２時間にわたり家中でその本を探し続けた。

לְהִתְיַישֵּׁב ב　～に住みつく／に定住する

מהגרים בדרך כלל מתיישבים בערים הגדולות, כדי לקבל עזרה מהחברה.

移民は社会から支援を受けるために、通常は大きな都市に住みつくものだ。

לְהִתְיַיחֵס ל / אל　～に気にかける／に対応する

בערים הגדולות, אם מישהו בוכה ברחוב, אנשים בדרך כלל לא מתייחסים אליו.

大都会では通りで誰かが泣いていても、普通は誰も気にかけない。

לְהִתְיָיעֵץ עם　～診察してもらう／に相談する

הילד של חברתי לא רצה לאכול כמה ימים, ולכן היא התייעצה עם הרופא.

私の友人の子どもは何日も食欲がなかったので、彼女は医者に診察してもらった。

הסטודנטים באים אל הפרופסור כדי להתייעץ איתו על עבודותיהם.

論文について相談するために学生たちは教授のところにやってくる。

לְהִתְכּוֹנֵן ל　～の準備をする

ילדים ביפן מתכוננים לבחינת הכניסה לבית ספר תיכון במשך כל השנה.

日本の子どもたちは一年中高校入試の準備をする。

לְהִתְכַּוֵּון ל　～のつもりである

התכוונתי לנסוע לתל אביב אבל לא נסעתי כי חליתי.

私はテルアビブに行くつもりだったが、病気で行けなかった。

לְהִתְכַּחֵשׁ ל　～を打ち消す／を否定する

ראש ממשלת ישראל אמר שהוא רוצה לפגוש את נשיא סוריה אבל אחר-כך התכחש לדבריו.

イスラエルの首相はシリアの大統領に会いたいと言ったが、後で自分の言葉を打ち消した。

לְהִתְלוֹנֵן על　～と不平を言う

הסטודנטים מתלוננים על כך שיש הרבה שיעורי בית.

学生たちは宿題がたくさんあると不平を言っている。

לְהִתְמוֹדֵד עם　～に立ち向かう

להרבה מדינות בעולם קשה להתמודד עם הטרור העולמי.

世界の多くの国にとり国際テロに立ち向かうことは困難である。

לְהִתְנַגֵּד ל　～に反対する／に抵抗する

הרבה יפנים מתנגדים לשנות את החוקה היפנית מ-1946.

多くの日本人は、1946 年の日本国憲法を変えることに反対している。

לְהִתְנַהֵג בְּנִימוּס / כמו　（礼儀正しく）振舞う／のように振舞う

ביפן תמיד מתנהגים בנימוס לקונים.

日本ではいつも顧客に対して礼儀正しく振舞う。

האם כעסה על הילדים שלה ואמרה להם שהם מתנהגים כמו תינוקות.

母親は子どもたちに大変怒り、彼らが赤ん坊のように振舞っていると言った。

לְהִתְנַחֵל ב　～に定住する

קבוצה של צעירים התנחלה בנגב. הם בנו שם קיבוץ חדש ויפה.

若者の集団がネゲブに定住した。彼らはそこに新しくて美しいキブツを作った。

לְהִתְנַפֵּל עַל　～に襲いかかる

הכלב שלי התנפל על הדוור שהביא מכתבים לביתי. הדוור פחד מאוד.

私の犬が家に手紙を届けに来た郵便配達人に襲いかかった。配達人は大変恐がった。

לְהִתְנַצֵּל עַל　～に謝る

אנשים בדרך כלל מתנצלים כשהם מאחרים. אבל דני לא מתנצל על האיחורים שלו.

人は遅刻するとたいていは謝る。しかしダニは自分の遅刻について謝らない。

לְהִתְעוֹרֵר בְּ　目を覚ます

כל בוקר אני מתעוררת בשעה שבע, אבל אני רוצה לישון עוד.

私は毎朝7時に目を覚ますが、もっと寝ていたい。

לְהִתְעַנְיֵין בְּ　～に興味を持つ

אני מתעניין בהסטוריה עתיקה, ויש לי הרבה ספרים על העולם העתיק.

私は古代史に興味を持っているので、古代世界に関する多くの本を持っている。

לְהִתְעַקֵּשׁ (עַל)　～と言い張る／にこだわる

אמא אמרה לרותי ללבוש מכנסיים כי קר, אבל רותי התעקשה ללבוש חצאית מיני בשלג.

母はルティに寒いからズボンをはくように言ったが、ルティは雪でもミニスカートをはくと言い張った。

חברי הוא אדם שמתעקש על עמדותיו.

私の友人は自分の立場にこだわる人間だ。

לְהִתְעָרֵב ב　〜に割り込む／に介入する

דני דיבר עם חבר בטלפון כשאמא התערבה בשיחה ואמרה שגם היא רוצה ללכת לסרט.

ダニが友達と電話で喋っているとき、母親は会話に割り込んで自分も映画に行きたいと言った。

לְהִתְעָרֵב על　〜を賭ける

אני מתערב איתך על מאתיים שקלים שאתה לא יודע איפה העיר קִיטוֹ בעולם.

キトという都市が世界のどこにあるかをあなたが知らないという方に、私は 200 シェケルを賭ける。

לְהִתְפַּטֵּר מ / מן　〜を退職する

אורי התפטר מהחברה שעבד בה חמש עשרה שנים.

ウリは 15 年間勤めた会社を退職した。

לְהִתְפַּקֵּעַ מ (צְחוֹק)　大笑いする

החבר שלי דיבר כמו המורה שלנו ואנחנו התפקענו מצחוק.

私の友達は私たちの先生のように話をしたので、私たちは大笑いした。

לְהִתְפַּרְסֵם ב　〜が出版される／で有名になる

הספר של דני מתפרסם השבוע בישראל.

ダニの本は今週イスラエルで出版される。

"הביטלס" התפרסמו באנגליה עוד לפני הנסיעה שלהם לארצות הברית.

ビートルズは米国ツアー以前に、イギリスですでに有名になっていた。

לְהִתְפַּשֵּׁר עם (מישהו) על　〜について……と妥協する

הישראלים והפלסטינים לא רוצים להתפשר זה עם זה על חלוקת הארץ.

イスラエル人とパレスチナ人は、土地の分割について互いに妥協したくないと思っている。

第5章　前置詞を用いた文例とその特徴

לְהִתְקַיֵּים מ　　　～で生計を立てる

המישפחה של בנימין מתקיימת מהעבודה שלו כנהג אוטובוס.

ベンヤミンの家族は、バスの運転手としての彼の仕事で生計を立てている。

לְהִתְקָרֵב ל / אל　　　～に近づく

התקרבתי אל התמונה כדי לראות היטב את הצבעים.

私は色をしっかり見るために写真に近づいた。

לְהִתְקַשּׁוֹת ב　　　～するのが難しい

עולים חדשים מבוגרים בישראל מתקשים בלימוד השפה העברית, ולכן הם מדברים בשפות אחרות.

年を取った移民はイスラエルでヘブライ語を修得するのが難しいので、彼らは他の言語で話している。

לְהִתְקַשֵּׁר ל / אל　　　～に電話する

אני מתקשר כבר שעה למישרד של האוניברסיטה, אבל הקו תפוס.

すでに1時間も大学の事務室に電話しているが、話し中である。

לְהִתְרַגֵּל ל　　　～に慣れる

קשה לעולים חדשים מרוסיה להתרגל לחום של הקיץ בישראל.

ロシアからの移民にとって、イスラエルの夏の暑さに慣れるのは難しい。

לְהִתְרַגֵּז על　　　～にイライラする／に怒る

כשלא משרתים אותנו במהירות במסעדה אנחנו מתרגזים על המלצר.

レストランで応対が速くないとき、私たちはウェイターにイライラする。

לְהִתְרַחֵק מ　　　～から遠ざかる

כשיש שריפה כדאי להתרחק מהר מהמקום.

火事があったときは、すぐにその場から急いで遠ざかるほうがよい。

103

לְהִתְרַחֵץ ב 　　～で体を洗う

אנחנו אוהבים להתרחץ בסבון ובמים חמים. יש אנשים שמתרחצים במים קרים.

私たちは石鹸とお湯で体を洗うのが好きだ。冷たい水で洗う人もいる。

ו

לְוַדֵּא (ש) 　　～を確かめる

אני צריך לוודא מתי מתחיל הסרט כדי שלא אאחר.

私は遅れないように映画が何時に始まるかを確かめなければならない。

המורה חייב לוודא שהתלמידים הבינו את השיעור.

教師は生徒が授業を理解したかということを確かめなければならない。

לְוַתֵּר על 　　～を諦める

אני רוצה לקנות מחשב חדש אבל הוא יקר. אני צריך לוותר על המחשב.

新しいコンピューターを買いたいがそれは高価である。私はコンピューターを諦めなければならない。

לוֹמַר ל 　　～に言う

התלמידים אמרו למורה ששיעורי הבית היו קשים.

生徒たちは宿題が難しかったと先生に言った。

ז

זַכַּאי ל 　　～する資格がある／権利がある

עולה חדש בישראל זכאי לעזרה כספית מהמדינה כדי לקנות דירה.

イスラエルへの移民は住宅を購入するために国から補助金を受ける資格がある。

זָקוּק ל　～を必要とする

איש חולה זקוק לתרופות ולשינה.

病人は薬と睡眠を必要とする。

לְזַהוֹת את　～を認識する／を識別する

לא ראיתי את הדוד שלי עשר שנים, ולכן לא זיהיתי אותו כשנפגשנו.

私はおじと十年間会っていなかったので、彼と会ったとき彼を認識出来なかった。

לְזַכּוֹת את (מֵאַשְׁמָה)　無罪を言い渡す／（潔白）を証明する

בית המישפט זיכה את העובד מאשמה של גניבה מהחברה.

裁判所はその従業員に横領罪に対して無罪を言い渡した。

לִזְכּוֹת ב　（くじ）に当たる／で優勝する

בשבוע שעבר זכה דני מקיבוץ קטן ב"לוטו", אבל הוא נתן את כל הכסף לקיבוץ.

先週小さなキブツに住むダニは宝くじに当ったが、彼は全額をキブツに渡した。

קבוצת הכדורסל של בית הספר שלנו זכתה בתחרות הארצית.

私たちの学校のバスケットボールチームは、全国大会で優勝した。

לִזְרוֹק את　～を捨てる

כל שבועיים אנחנו זורקים את העיתונים הישנים.

二週間おきに私たちは古新聞を捨てる。

ח

חַיָּיב ל (מישהו)　～に（お金を）借りている

דני חייב לאורי אלף שקלים.

ダニはウリに 1000 シェケルを借りている。

חִילוּקֵי דֵעוֹת בין... לבין 〜と……の間に意見の相違がある

יש חילוקי דעות רבים בין הישראלים לבין הפלסטינים על הגבול המדיני ביניהם.

パレスチナ人とイスラエル人の間に国境についての多くの意見の相違がある。

חֵלֶק מ / מן 〜の一部

כל הסטודנטים השתתפו בהרצאה של הפרופסור מארה"ב, אבל רק חלק מהם הבינו את ההרצאה.

アメリカからやってきた教授の講義に学生全員が出席したが、学生の一部だけがその講義を理解した。

לַחְבּוֹט ב 〜を打つ／を叩く

במישחק הבייסבול השחקן חובט בכדור ורץ.

野球の試合では選手はボールを打って走る。

האישה חבטה בשטיח כדי לנקות אותו.

女性は絨毯をきれいにするためにそれを叩いた。

לַחְבּוֹשׁ את （帽子）を被る／（包帯）を巻く

בישראל השמש חזקה מאוד בקיץ ולכן צריך לחבוש כובע בחוץ.

イスラエルの夏は太陽の日差しがとても強いので、外では帽子を被らなければならない。

הילד נפצע בידו והרופא חבש לו את היד.

子どもが手に怪我したので、医者は彼の手に包帯を巻いた。

לְחַבֵּל ב 〜を壊す

מישהו חיבל בקו הטלפון של השכונה, ולכן בכל השכונה אי אפשר להשתמש בטלפון.

誰かが住宅街の電話線を壊したので、その地区では皆電話を使うことが出来ない。

לְחַבֵּק את　　～を抱きしめる

האם חיבקה את הבן שלה שחזר מטיול של חצי שנה באמריקה.

母親は半年間のアメリカ旅行から帰ってきた息子を抱きしめた。

לְחַבֵּר את ל　　～と……をつなぐ

תעלת סואץ מחברת את ים סוף לים התיכון.

スエズ運河は紅海と地中海をつないでいる。

לַחְדוֹל מ　　～（するの）を止める

כשניכנסתי לחדר של הפרופסור הוא חדל מלקרוא בספרו.

教授の研究室に私が入ったとき彼は本を読むのを止めた。

לַחְדוֹר ל　　～に入り込む／に浸み込む

גשם חזק ירד השבוע והמים חדרו לתוך הבית.

今週、強い雨が降り水が家に入り込んだ。

לְחַדֵּשׁ את　　～を再開する

אחרי הסערה חברת החשמל חידשה את הספקת החשמל לבתים.

嵐の後、電力会社は家庭に電気の供給を再開した。

לָחוּל ב　　～に当たる／に起こる

השנה חג המולד חל ביום שבו מתחיל חג החנוכה.

今年のクリスマスはハヌカの祭の第一日目に当たる。

לָחוּשׁ את / ב　　（体全体で）感じる

יצאנו מן הבית וחשתי מיד בריח הגשם הראשון אחרי הקיץ.

私たちが家の外に出たとき、私はすぐに夏の終わりの最初の雨のにおいを感じた。

לָחוּשׁ ל/ אל 〜へ急ぐ

כאשר דני נפל מהעץ ושבר את היד, חשנו מיד לבית החולים.

ダニが木から落ちて手を折ったとき、私たちはすぐに病院へ急いだ。

לַחֲזוֹר ל/ אל 〜に戻る／に帰る

כשחזרתי הביתה אחרי טיול ארוך בחוץ לארץ שמחתי מאוד לפגוש את כל המישפחה.

私は長期の海外旅行から戻ったとき、家族全員に会って大変うれしかった。

לַחֲזוֹר על 〜を繰り返す

המורה לעברית חוזרת על המילים החדשות כל שיעור.

ヘブライ語の教師は毎回の授業で新しい単語を繰り返す。

לְחַזֵּק את 〜を強める

אחרי רעידת אדמה צריך לחזק את כל הבתים, או להרוס אותם.

地震の後は全ての家を補強するか、あるいは取り壊さなければならない。

לְחַזֵּר אחרי 〜を追いかける／を誘う

דני אוהב את רותי והוא מחזר אחריה. אתמול הוא הזמין אותה לסרט ולמיסעדה.

ダニはルティが好きなので彼女を追いかけている。昨日彼はルティを映画とレストランに招待した。

לַחֲטוֹף את 〜をハイジャックする／を誘拐する

בעבר היו הרבה פעמים שאנשים חטפו מטוסים מסיבות פוליטייות.

以前には政治的な理由により飛行機をハイジャックする事例が多かった。

פושעים חטפו תינוק ודרשו מהוריו הרבה כסף.

犯人は赤ん坊を誘拐して多額の金をその両親に要求した。

לִחְיוֹת ב　～で生活する／で生きる

רותי באה לישראל לפני שלוש שנים. היא חיה בישראל כבר שלוש שנים.

ルティは3年前イスラエルに来た。彼女は既に3年間イスラエルで生活している。

לְחַיֵּיב את　～に義務づける／（口座から～を）引き落とす

המורים חייבו את התלמידים להתנדב לפעילות חברתית.

教師は社会活動にボランティアするように生徒に義務づけた。

הבנק חייב את החשבונות של הלקוחות בטעות, ולכן החזיר את הכסף.

銀行は誤って顧客の口座から金を引き落とした。そのため返金した。

לְחַכּוֹת ל　～を待つ

כל בוקר אני מחכה לאוטובוס בין חמש לעשר דקות.

毎朝私はバスを5分から10分待つ。

לַחֲלוֹם על　～を夢見る

לפעמים אני חולמת על חופשה במקום שיש ים, חול ושמש...אולי כדאי לנסוע לתאילנד?

時々私は海と砂そして太陽がある場所での休暇を夢見る。タイに行くのがいいかもしれない。

לַחֲלוֹף עַל פְּנֵי　～を通り過ぎる

כשנסעתי באוטובוס אתמול, חלפתי על פני הבית של רותי וראיתי אותה בגינה.

昨日バスに乗ったとき、ルティの家を通り過ぎて、彼女を庭で見た。

לַחֲלוֹק על (דֵּעָה)　～について意見が異なる

נשיא צרפת חולק על דעתו של נשיא ארה"ב בקשר לנשק גרעיני לאירן.

フランスの首相はイランの核兵器についてアメリカ合衆国の大統領と意見が異なる。

לַחֲלוֹשׁ עַל 　〜に勢力を拡大する／を支配する

עד שנות הארבעים של המאה ה- 20 אנגליה וצרפת חלשו על המזרח התיכון.

20世紀の40年代までイギリスとフランスは中東に勢力を拡大していた。

לְחַלֵּל אֶת 　〜を汚す／を穢す

קבוצות של ניאו-נאצים שמו ראש של חזיר במיסגד מוסלמי בברלין, וכך הם חיללו את המקום.

ネオ・ナチの集団が豚の頭をベルリンにあるイスラムのモスクに置いた。このようにして彼らはその場所を汚した。

לְחַלֵּל בְּחָלִיל 　笛を吹く

בבית הספר היסודי ביפן כל התלמידים לומדים לחלל בחליל.

日本の小学校では全ての生徒は笛を吹くことを学ぶ。

לְחַלֵּק אֶת 　〜を分ける

המורה חילק את השיעור לשניים: חלק ראשון הרצאה וחלק שני דיון עם הסטודנטים.

教師は授業を二部に分けた：第一部は講義で、第二部は学生との討論である。

האב חילק את השוקולד בין ארבעת הילדים.

父親はチョコレートを子ども4人に分けた。

לַחְמוֹד אֶת 　（欲してはならないもの）を渇望する

בתורה כתוב: "לא תחמוד אשת רעך".

聖書には「隣人の妻を欲してはならない」と書かれている。

לַחְמוֹק מִפְּנֵי 　〜から（こっそり）逃げ去る

הגנב הצליח לחמוק מפני השוטרים, והם לא מצאו אותו.

泥棒は警官からうまく逃げ去り、警官は泥棒を見つけられなかった。

第5章　前置詞を用いた文例とその特徴

לְחַמֵּם את　　～を温める

בחורף קר לנו ואנחנו מחממים את הידיים על יד התנור.
冬は寒いので私たちはストーブのそばで手を温める。

לַחֲסוֹת ב / תחת　　～で保護を受ける／で守られる

ילדים בלי הורים חוסים במוסדות ממשלתיים.
親のない子どもは国の施設で保護を受ける。
נערות רבות חולמות לחסות תחת כנפיו של בעל מיליונר.
多くの女の子は大富豪の夫の翼の下で守られる夢を持つ。

לְחַסֵּן את מפני　　免疫力をつける／抵抗力をつける

ניתן היום לחסן ילדים מפני מחלות רבות, שבעבר מתו מהן ילדים רבים.
以前は多くの子どもたちが亡くなった多様な病気に対して、今日では、子どもたちに免疫力をつけることが可能である。

לְחַפֵּשׂ את / אחר　　～を探す

דני חיפש את הכדור בכל הבית ולא מצא אותו.　הכדור היה בגינה.
ダニは家中でボールを捜したが見つからなかった。ボールは庭にあった。

לַחֲצוֹת את　　道を横切る／二つに分ける

אסור לילדים קטנים לחצות את הכביש לבד!
小さな子どもが一人で道を横切ってはいけない！
דני חצה את האבטיח לשניים וכולנו אכלנו ממנו בהנאה.
ダニはスイカを二つに分け、私たちはみんな喜んでそれを食べた。

111

לַחְקוֹר את / אודות ～を研究する／について調べる

איינשטיין חקר את חוקי הפיסיקה של היקום.

アインシュタインは宇宙の物理法則を研究した。

ילדים בישראל שמגיעים לגיל 13, חוגגים בר-מצווה. בגיל הזה הם חוקרים אודות השורשים של המישפחה שלהם.

イスラエルでは13歳になった男の子たちはバル・ミツバを祝う。この時期に彼らは自分の家の歴史について調べる。

לַחְרוֹג מ ～を使い過ぎる

לכל מישפחה יש תקציב חודשי. הרבה משפחות בישראל חורגות מהתקציב ואז יש להן חוב לבנק.

各家庭には毎月の予算がある。イスラエルでは多くの家庭が予算を使い過ぎて銀行に負債がある。

לַחְרוֹד מ / מפני ～を（強く）恐れる

בעולם היום יש יותר ויותר נשק גרעיני. גם ביפן וגם בישראל חרדים מאוד מפני הנשק הגרעיני של המדינות השכנות.

世界では核兵器がますます増えつつある。イスラエルも日本も隣国の核兵器を大変恐れている。

לַחְשׁוֹב על ～について考える

השנה עבדתי קשה מאוד, ולכן עכשיו אני חושב רק על החופשה.

今年私はとてもよく働いたから、今は休暇についてしか考えていない。

לַחְשׁוֹד ב ～を疑う

אמא הכינה הרבה עוגות לשבת, אבל העוגות נאכלו כבר ביום שישי. אמא חשדה בדני שאכל אותן עם חבריו, אבל אבא אמר שהוא אכל אותן עם השכן!

母は安息日のためにたくさんのケーキを準備した。しかしケーキは金曜日のうちに食べられてしまった。母はダニが友達と食べたのではないかと疑ったが、父が隣人と食べたと白状した！

לַחֲשׁוֹק ב　～を（強く）ほしがる／を（強く）望む

לפעמים אנחנו חושקים מאוד במכונית חדשה או בבגדים חדשים, אבל לא תמיד אנחנו יכולים לקנות אותם.

私たちは時々新しい車や服を強くほしがるが、いつでもそれらを買えるわけではない。

לַחֲשׁוֹשׁ מ / מפני　～を恐れる／を心配する

ישראלים רבים היום חוששים מהמצב המדיני במזרח התיכון ובמיוחד הם חוששים מפני התקפה של איראן על ישראל.

今日多くのイスラエル人は中東の政治状況を心配し、特にイランのイスラエル攻撃を恐れている。

לַחְתּוֹךְ את (ל)　～を切る

בקבוצה היו עשרה ילדים. חתכתי את האבטיח לעשר חתיכות שוות.

グループには10人の子どもがいた。私はすいかを十等分に切った。

לַחְתּוֹם על　～に署名する

כאשר שוכרים דירה צריך לחתום על חוזה עם בעל הדירה.

アパートを借りるとき、家主と契約書に署名しなければならない。

לַחְתּוֹם את　～を封印する／を終える

בתקופה העתיקה אנשים כתבו מיכתב על פפירוס, קיפלו את הנייר וחתמו אותו בשעווה.

古代の人々はパピルスに手紙を書き、手紙を折りたたんで蝋で封印した。

בישראל נוהגים לחתום את הטקסים בשירת "התקווה".

イスラエルではハティクバ（イスラエル国歌）の歌で式典を終えることを常とする。

ט

לִטְבּוֹל את ב ～に浸す

כשמכינים עוף בארוחה סינית, קודם טובלים את העוף ברוטב סויה ואחר כך מטגנים.

中華料理で鶏肉を準備するとき、まず醤油に鶏肉を浸してから油で揚げる。

לְטַגֵּן את ב （油で）～を揚げる

אנחנו מטגנים תפוחי אדמה בשמן וקוראים להם – צ'יפס.

私たちはじゃがいもを油で揚げて、それをチップスとよぶ。

לִטְווֹת (את) ～を織る

באיראן ובתורכיה אנשים טווים שטיחים מיוחדים שהם מאוד יקרים.

イランとトルコで人々は非常に高価である特別な絨毯を織る。

לִטוֹל אֶת הַיָּדַיִם 手を洗う

לפי המסורת היהודית צריכים לטול את הידיים לפני הארוחה.

ユダヤ教の伝統によれば、食事の前に手を洗わなければならない。

לָטוּס ב (ל) ～で飛ぶ

כל שנה אנחנו טסים לישראל במטוס של חברת התעופה התורכית.

毎年私たちはイスラエルにトルコ航空の飛行機で飛ぶ。

לִטְחוֹן את ～を挽く

בירושלים יש היום שתי טחנות רוח שפעם טחנו בהן את הקמח של העיר. היום הן מוזיאונים.

エルサレムには今日二つの風車があり、それらは以前、町の小麦を挽いていた。今日それらは博物館になっている。

כשמישהו מדבר ומדבר אבל לא אומר שום דבר חשוב אומרים ש"הוא טוחן מים".

人がべらべら話をするが全く重要なことを話さないとき、「彼は水を挽く」と表現する。

לְטַיֵּיל ב　　～を旅行する

בסוף השבוע אנחנו נוסעים לטייל בגליל ובגולן.

週末私たちはガリラヤとゴランを旅行する。

לְטַלְפֵן ל　　～に電話する

אתמול בערב טילפנתי לרותי אבל היא לא היתה בבית.

昨夜私はルティに電話したが、彼女は家にいなかった。

לִטְמוֹן את ב　　～に……を隠す

ילדים קטנים אוהבים לטמון צעצועים בארגז החול בגינה ואחר-כך לחפש ולמצוא אותם.

小さな子どもはおもちゃを庭の砂場に隠し、後でそれを探して見つけるのが好きだ。

לִטְעוֹם את / מ　　～の味見をする

הטבח צריך לטעום מהאוכל כשהוא מבשל. הוא צריך לדעת אם האוכל טעים.

料理人は料理するとき、味見をしなければならない。食べ物が美味しいかどうか知らなければならない。

טעמתי את העוגה שהכינה רותי, והיא היתה טעימה מאוד.

私はルティが作ったケーキの味見をしたが、とても美味しかった。

לִטְעוֹן ש　　～を主張する／と訴える

המשטרה תפסה את הגנב, אבל בבית המשפט הגנב טען שהוא לא אשם.

警察は泥棒を捕らえたが、裁判所でその泥棒は無罪を主張した。

לִטְעוֹת ב　　～を間違える

בדרך כלל אני לא טועה בכתיבה ביפנית אבל בעברית אני לא יודע אם לכתוב אלף או עין.

だいたい私は日本語の字は書き間違えないのだが、ヘブライ語ではアレフとアインのどちらを書くか分からない。

לְטְפּוֹחַ על 〜を（軽く）叩く

גברים ישראלים בדרך כלל טופחים לחברים על הכתף כשהם נפגשים.

普通イスラエルの男性は友達に出会ったときに肩を叩き合う。

לְטְפּוֹל אַשְׁמָה על 責任を擦り付ける

שרים לא אוהבים לקחת אחריות, ונוהגים לטפול אשמה על הפקידים בממשלה.

大臣たちは責任を取りたくないので、彼らは政府の官僚たちに責任を擦り付けるものだ。

לְטַפֵּחַ את 〜の手入れをする／手塩にかかけて育てる／を熱心に育てる

נשים מטפחות את הפנים שלהן עם מישחות כדי להיות יפות.

女性は美しくなるためにクリームで顔の手入れをする。

הורים טובים מטפחים את הילדים שלהם.

良い両親は子どもたちを熱心に育てる。

לְטַפֵּל ב 〜の世話をする

בארצות רבות כיום הזקנים חיים לבד. לפעמים הילדים שלהם מטפלים בהם ולפע־מים עובדים מיוחדים.

現在多くの国で老人が一人で暮している。ある場合には子どもたちが、またある場合には専門の職員が彼らの世話をしている。

לְטַפֵּס ב 〜で昇る

לאנשים צעירים קל לטפס במדרגות עד לקומות גבוהות.

若者にとって高層まで階段で昇ることは簡単だ。

לְטַפֵּס על 〜に登る

הרבה אנשים חולמים לטפס על הרים גבוהים, ויש אנשים שמטפסים על ה"אוורסט".

多くの人は高い山に登ることを夢見る。そしてエベレストに登る者もいる。

לִטְרוֹחַ על 〜に一生懸命に取り組む／に努力する

כל המישפחה טרחה על נקיון הבית לפני חג הפסח. כולם ניקו את כל החדרים היטב.

過越祭の前に家族全員が家の清掃に一生懸命に取り組んだ。全員が全ての部屋を隅々まで掃除した。

לִטְרוֹף את （獣が）〜を引き裂く

האחים של יוסף אמרו לאביהם יעקב, שחיה רעה טרפה את יוסף.

ヨセフの兄弟たちは、父ヤコブに悪い獣がヨセフを引き裂いたと言った。

לִטְרוֹק את (הדלת) (בפני) （ドアを面前で）バタンと閉める

כשאנשים כועסים זה על זה לפעמים הם טורקים את הדלת האחד בפני השני.

人は互いに腹を立てていると、相手の面前でドアをバタンと閉めることがある。

לְטַשְׁטֵש את 〜をぼやけさす

שתיית אלכוהול לפעמים מטשטשת את הראייה.

アルコールを飲むことは時々視界をぼやけさせることがある。

י

יוֹתֵר מ / מן 〜より多い

לרותי יש יותר ילדים מלחברה שלה דינה. לרותי חמישה ילדים ולדינה רק שניים.

ルティには友人のディナよりも子どもが多くいる。ルティには５人の子どもがいて、ディナには２人しかいない。

יָכוֹל ל 〜を克服する／に打ち克つ（名詞／不定詞＋）

השכן שלי היה חולה מאוד וחשבו שימות, אבל הוא יכול למחלה. אחרי חודש הוא היה בריא.

私の隣人は重病で皆は彼が死ぬと思った。しかし彼は病気に打ち克った。一ヶ月後彼は健康になった。

יֵשׁ ל　～に……がある／がいる

בחודשים יולי ואוגוסט יש לתלמידים בבית הספר בישראל חופשה.

イスラエルの学校では生徒に７月と８月に休暇がある。

יש לנו הרבה ספרים בספריה.

私たちの図書館にはたくさんの本がある。

לרותי יש שני אחים.

ルティには兄弟が２人いる。

לְיַבֵּא מ　～を輸入する

היפנים מייבאים בשר מאוסטרליה, בננות מהפיליפינים ויין מקליפורניה.

日本人はオーストラリアから肉を、フィリピンからバナナを、カリフォルニアからワインを輸入している。

לְיַבֵּשׁ את　～を乾かす

ביפן רוב האנשים מייבשים את הכביסה בשמש ולא במכונות יבוש.

日本ではほとんどの人が乾燥機ではなく、太陽光で洗濯物を乾かす。

לְיַדּוֹת ב　（人に）～を投げる

לפעמים ילדים מיידים אבנים בחתול או כלב שעובר ברחוב.

時々子どもたちは道を通り過ぎる猫や犬に石を投げる。

לֵיהָנוֹת מ / מן　～を楽しむ

אתמול אני וארבעה חברים הלכנו לסרט מצחיק. כולנו נהנינו מאוד מהסרט.

昨日私は４人の友人と一緒に喜劇映画を見に行った。私たちは映画をとても楽しんだ。

לָיזוֹם את　（計画など）～を企画する

הסטודנטים יזמו ערב התרמה למען ילדים שחולים בסרטן.

学生たちは子どものガン患者のために寄付金を募る夕べの集いを企画した。

לְיַעֵל את　能率を上げる

הרבה חברות מיעלות את עבודתן על ידי פיטורים של חלק מהעובדים.

多くの会社は雇用者の一部を解雇することで仕事の能率を上げる。

לְיַצֵּא את ל　〜を……に輸出する

יפן מיצאת מכוניות לכל העולם ובמיוחד לארצות הברית.

日本は車を世界中、特にアメリカに輸出している。

לְיַצֵּב את　〜を安定させる

הערך של הדולר האמריקאי ירד פתאום, וכדי ליצב את המצב בנקים בארה"ב רכשו דולרים.

アメリカ・ドルの価値は急落した。そしてこの状況を安定させるためにアメリカ合衆国の銀行はドルを購入した。

לְיַצֵּג את　〜を代表する

בכל שנה יש בברלין פסטיבל חשוב של סרטים. השנה מיצג את ישראל סרט על מלחמת לבנון.

毎年ベルリンで重要な映画祭がある。今年はレバノン戦争についての映画がイスラエルを代表している。

לִיצוֹר את　〜を創り出す／を創る

ילדים נוהגים ליצור להם עולם דמיוני.

子どもたちは空想の世界を創り出すものである。

הרבה סופרים ומלחינים יוצרים את יצירותיהם הטובות בגיל צעיר.

多くの作家や作曲家は若い時期に最高の作品を創る。

לְיַצֵּר את ～を製造する／を生産する

המפעל בקיבוץ צורעה מייצר רהיטים למישרדים. הוא מייצר את הרהיטים מעץ מקומי.

キブツ・ツォルアの工場は事務用家具を生産している。地元の木で家具を製造している。

לְיַקֵּר את （価格）を上げる

הממשלה הודיעה כי מהשבוע הבא היא תייקר את הלחם ואת מוצרי החלב ב-3%.

政府は来週からパンと乳製品の価格を３パーセント上げると発表した。

לירוא (מ / מפני) ～を恐れる

בספר בראשית, כאשר יעקב חזר מארם נהריים לכנען, הוא פחד מאוד מעשיו אחיו, אבל אלוהים אומר לו "אל תירא!".

創世記ではヤコブがアラム・ナハライムからカナンに帰ってきたとき、兄のエサウを大変恐れた。しかし神はヤコブに「アル　ティラ（恐れるな）」と言った。

טבעי לאדם לירוא מפני האריה.

人間にとってライオンを恐れるのは自然なことだ。

לירוק על / בפני 唾をかける／唾を吐く

ילדים שכועסים זה על זה לפעמים יורקים בגלל הכעס.

子どもたちはお互いに腹を立てると時々怒りのために唾をかける。

בחברה המזרחית נהוג לירוק בפניו של אדם כאשר בזים לו.

東洋の社会では軽蔑を示すのに相手の顔に唾を吐きかける習慣がある。

לְיַישֵּׁב את (מקום) ～に入植させる

ממשלת ישראל יישבה את רמת הגולן אחרי מלחמת ששת הימים (1967). היום יש שם קיבוצים, מושבים וגם עיר קטנה.

イスラエル政府は六日戦争（1967年）後にゴラン高原に入植をすすめた。今日そこにはキブツや村、そして小さな町もある。

第5章　前置詞を用いた文例とその特徴

לְיַישֵׁב את　　　〜（の議論）を収める

שני הפרופסורים לא הסכימו על תוצאות הניסוי, ועמיתיהם לא הצליחו ליישב את המחלוקת ביניהם.

　二人の教授は実験の結果について互いに合意しなかった。同僚たちは彼らの意見の対立を収めることが出来なかった。

לְיַישֵׁר את　　　〜を真っ直ぐにする

כשעמדנו במיסדר הבוקר בבית הספר המורים תמיד אמרו לנו ליישר את השורות.

　学校の朝礼で私たちが起立したとき、教師は列を真っ直ぐにするようにいつも言った。

כ

כּוֹאֵב ל　　　〜が痛む

אם אני הולך בישראל בקיץ בלי כובע כואב לי מאוד הראש, כי השמש בישראל חזקה.

　もし私がイスラエルで夏に帽子を被らずに外を歩いたら、イスラエルの太陽は強いので頭がとても痛くなる。

כָּמַהּ ל　　　〜を希求する

במאה האחרונה היו כל כך הרבה מלחמות בעולם. אנחנו כמהים לשלום.

　前世紀には世界で大変多くの戦争があった。我々は平和を希求する。

כָּרוּךְ ב　　　〜に含まれる／と関わっている／につながっている

לימוד השפה העברית כרוך בכתיבה ושמיעה שוב ושוב של אותן המילים ואותם המישפטים!

　ヘブライ語を勉強することには、同じ単語と文章を繰り返し何度も書いたり聞いたりすることが含まれている！

121

כָּרוּךְ אחרי　〜に付き従う／にまとわりつく

התלמיד כרוך אחרי מורו. כל מה שיאמר המורה התלמיד יעשה.

弟子は師匠に付き従う。弟子は師匠の言うこと全てを行なう。

הילד בן החמש עדיין כרוך אחרי אמו. הוא הולך אחריה לכל מקום.

その５歳の男の子はまだ母親にまとわりついている。子どもは母親の後をどこでも付いていく。

כְּתוֹצָאָה מ　〜の結果として

הפגישה בין ראשי הממשלה הישראלי והפלסטיני התקיימה כתוצאה מהתיווך האמריקאי.

アメリカの仲介の結果としてイスラエルとパレスチナの首相の会見は実現した。

לְכַבֵּד את　〜を尊敬する

לפי התורה חייבים הילדים לכבד את ההורים שלהם.

トーラーによると子どもは両親を尊敬しなければならない。

לְכַבֵּד (ב)　（客に食事）でもてなす

כשבאים אורחים לבית צריך לכבד אותם באוכל ושתיה.

客が家に来たとき、食事と飲み物でもてなさなければならない。

לִכְבּוֹל את　〜を縛る

השוטר כבל את ידיו של הגנב כדי שלא יברח.

泥棒が逃げないように警官は彼の両手を縛った。

לְכַבֵּס את　〜を洗濯する

אמא מכבסת את הבגדים לכל המישפחה כמעט כל יום.

母親はほぼ毎日家族全員の衣類を洗濯する。

第 5 章　前置詞を用いた文例とその特徴

לִכְבּוֹשׁ את　　　～を占領する／を征服する

בשנת 1917 כבשו הבריטים את ארץ ישראל שהיתה תחת שלטון עותומני.

1917 年イギリスはオスマンの支配下にあったイスラエルの地を占領した。

לְכַהֵן ב / כ　　　～を務める／職務を果たす

אברהם לינקולן כיהן כנשיא ארצות הברית.

アブラハム・リンカーンはアメリカの大統領を務めた。

אברהם לינקולן כיהן בתפקיד הנשיא במשך ארבע שנים.

アブラハム・リンカーンは大統領職を4年間務めた。

לְכַזֵּב ל　　　嘘をつく

ילדים נוטים לכזב להוריהם כשלא הצליחו בבחינה.

子どもたちは試験が出来なかったとき、親に嘘をつく傾向がある。

לִכְלוֹא את ב　　　～を刑務所に入れる

החברה המודרנית כולאת אנשים בגלל פשעים שונים נגד החברה.

現代社会は社会に対して様々な罪を犯した者を刑務所に入れる。

לִכְלוֹל את　　　～を含める

המחיר של המצרכים בסופרמרקט כולל מס ערך מוסף.

スーパーマーケットで日用品の価格は消費税を含んでいる。

לְכַנֵּס את　　　～を集める

כל מיפלגה בישראל מכנסת את חבריה כדי לבחור את המנהיג הבא של המיפלגה.

イスラエルでは全ての政党が次期党首を選ぶため党員を集めている。

לְכַסּוֹת את (ב) 〜を覆う

נשים מוסלמיות מכסות את פניהן ברעלה.

イスラムの女性はベールで顔を覆う。

האם כיסתה את בנה בשמיכה ובירכה אותו ללילה טוב.

母親は毛布で息子を覆って、お休みなさいと言った。

לִכְעוֹס על 〜を叱る／を怒る

לפעמים אמא כועסת על הילדים שלא סידרו את החדר שלהם.

時々母親は部屋を片付けていない子どもたちを叱る。

לִכְפּוֹת על

〜を……ように強いる／を……させる／（義務など）を負わせる

הורים רבים ביפן כופים על ילדיהם ללמוד בבית ספר מיוחד בערב.

多くの日本の親は夕方子どもたちを塾に行くように強いる。

לְכַפֵּר על 〜を償う

ביום הכיפורים היהודים צמים. הם לא אוכלים כדי לכפר על החטאים.

大贖罪日にユダヤ人は断食をする。彼らは罪を償うために食事をしない。

לִכְרוֹעַ בֶּרֶךְ לפני 跪く

בדתות שונות אנשים כורעים ברך לפני אלהים בשעת התפילה.

さまざまな宗教で祈りのとき、神の前で人々は跪く。

לִכְרוֹת אוזן ל 〜に耳を傾ける

כסטודנט שנה ראשונה אני כורה אוזן היטב לכל דברי הפרופסורים.

新入生として私は教授たちの全ての言葉に耳を傾ける。

לִכְתּוֹב את על 〜を……に書く

יהודים כותבים את ספר התורה על מגילות עור.

ユダヤ人はトーラーを革の巻物に書く。

ל

לִלְבּוֹשׁ את　～を着る
בחורף כשקר אנחנו לובשים את המעילים שלנו.
冬の寒いとき私たちはコートを着る。

לְלַגְלֵג על　～を馬鹿にする
אסור לילדים ללגלג על חברים שמנים או חלשים.
子どもたちは太っていたり弱いクラスメートを馬鹿にしてはいけない。

לִלְווֹת מ / מן　～から借りる
חברי לווה ממני אלף שקלים.
友人は私から 1000 シェケルを借りた。

לְלַוּוֹת את ל　～に付き添う／と共に行く
כשהגיעו התיירים מחוץ לארץ ליווינו אותם משדה התעופה למלון.
海外から旅行者が到着したとき、私たちは空港からホテルまで彼らに付き添った。

לִלְחוֹם ב / נגד　～と戦う
הממשלות הדמוקרטיות לוחמות בעוני על ידי מתן עזרה כספית לעניים.
民主的な政府は貧困層に財政支援を行うことで貧困と戦う。

לִלְחוֹץ על　～圧力をかける／するように勧める
ההורים של הסטודנט לוחצים עליו ללמוד רפואה.
その学生の両親は彼に医学を学ぶように圧力をかける。

לִלְחוֹשׁ ל (מישהו) באוזן　ヒソヒソ話をする／（耳元で）ささやく
סטודנטים לעיתים קרובות לוחשים זה לזה באוזן באמצע השיעור.
学生たちはよく授業中互いにヒソヒソ話をする。

לָלֶכֶת ל / אל　～に（歩いて）行く

כל שבוע אמא הולכת לשוק ביום חמישי כדי לקנות אוכל לשבת.

毎週木曜日母は安息日の食べ物を買うために市場へ行く。

לִלְמוֹד את / על　～について学ぶ／を学ぶ

באנו לישראל כדי ללמוד על ההיסטוריה של היהודים.

私たちはユダヤ人の歴史について学ぶためにイスラエルに来た。

אנחנו לומדים את השפה העברית באוניברסיטה ביפן.

私たちは日本の大学でヘブライ語を学んでいる。

לִלְמוֹד בְּעַל-פֶּה　～を暗記する

כדי לזכור ביטויים חדשים בעברית צריך ללמוד בעל פה הרבה מילים כל שבוע.

ヘブライ語の新しい表現を覚えるために、毎週たくさんの単語を暗記しなければなければならない。

לְלַמֵּד את　～を教える

המורה שלנו מישראל מלמדת אותנו עברית ביפן. היא מלמדת בעברית וביפנית.

イスラエルから来た私たちの先生は、日本で私たちにヘブライ語を教えている。先生はヘブライ語と日本語で教えている。

לִלְעוֹג ל / על　～をからかう／を嘲る

לא טוב כשילדים לועגים לחברים שלא יכולים לרוץ מהר.

子どもたちが速く走れないクラスメートをからかうのはよくない。

לְלַקֵּט את　～を摘む／を集める

באביב כשמתחילים הפרחים לפרוח יוצאים ילדי בית הספר ללקט פרחים כדי ללמוד עליהם.

花が咲き始める春になると、学校の子どもたちは花について学ぶため花を摘みに校外に出かける。

מ

מַאֲבָק ב / נגד　～（に対する）闘争

במדינה דמוקרטית יש תמיד מאבק נגד קבוצות שרוצות בשלטון טוטליטרי.

民主主義の国家では全体主義的政権を望んでいるグループに対する闘争が常にある。

מְאוּכְזָב מ / מן　～に失望する／に落胆する

למרות שלמדתי קשה לבחינה לא הצלחתי בה כמו שקיויתי, ולכן הייתי מאוכזב מאוד.

試験のために熱心に勉強したにもかかわらず思ったほどうまくいかず、大変失望した。

במישחק הבייסבול האחרון הקבוצה שלנו הפסידה וכולנו היינו מאוכזבים מהתוצאה של המישחק.

この前の野球の試合で私たちのチームは負け、私たち全員が試合の結果に落胆した。

מֵאֲחוֹרֵי ה　～の後ろ

לא יכולתי למצוא את הספר שלך כי הוא היה מאחורי המחשב.

あなたの本がコンピューターの後ろにあったので、見つけることが出来なかった。

מֵאַחַר ש　～ので／なぜなら

לא הגעתי בזמן להרצאה מאחר שהמכונית שלי התקלקלה.

車が故障したので私は講義の時間に間に合わなかった。

מִבַּעַד ל　～から／を通して

ההרצאה היתה משעממת ולכן הבטתי מבעד לחלון וראיתי ציפור יפה על העץ.

その講義は退屈だったので私は窓から外を眺め、木に止まっている美しい鳥を見た。

מַגָּע עם / בין　～と接触／と交渉

לא כדאי לבוא במגע עם מישהו שחולה בשפעת.

インフルエンザにかかった人とは接触しないほうがよい。

כיום יש לנו מגע עם אנשים באפריקה בעזרת הטלפון, המחשב והטלביזיה.

このごろ私たちは電話、テレビ、コンピューターを媒体としてアフリカの人々と接触が出来る。

תקופה ארוכה היו מגעים בין הפלשתינאים לבין הישראלים בנושא השלום.

長い期間パレスチナとイスラエルの間で平和に関する交渉があった。

מוּדָע ל　～に気づいている

ילדים לא מודעים לסכנה שיש במישחקים שלהם.

子どもたちは自分たちの遊びの中に危険があると気づいていない。

מוּטָב ש　～する方が良い（未来形＋）

לא טוב ללכת ברגל בקיץ בישראל. מוטב שנשב עכשיו בקפיטריה ונשתה מים קרים.

イスラエルで夏に歩くのはよくない。私たちは今、カフェテリアで座って冷たい水を飲む方が良い。

מוּמְחֶה ל　～の専門家

דני למד שנים רבות הנדסה והיום הוא מומחה לבניית גשרים גבוהים.

ダニは長年工学を勉強し、今では高架橋梁建築の専門家である。

מִכֵּיוָן ש　～ので／だから

רצינו מאוד לבקר במוזיאון ישראל מכיוון שיש שם תצוגה של מגילות מדבר יהודה.

死海文書の展示があるから、私たちはイスラエル博物館をとても見学したかった。

מָנוּי על　～（新聞や雑誌）を購読している

ביפן אני מנוי על עיתון יומיורי. כל בוקר העיתון מגיע לבית שלי בשעה חמש וחצי.

日本で私は読売新聞を購読している。新聞は毎朝５時半に私の家に届く。

第5章　前置詞を用いた文例とその特徴

מְעוּנְיָין ב　　　～に関心をもつ／に興味がある

המיליונר האמריקאי מעוניין ברכישת חברת מחשבים ישראלית.
アメリカの大富豪はイスラエルのコンピューター会社の買収に関心をもっている。

מֵעַל ל　　　～の上

הציפורים עפות מעל לעצים ומעל לבתים.
鳥は木や家の上を飛ぶ。

מַתְאִים ל　　　～に似合う

הבגדים החדשים מתאימים לך מאוד, איפה קנית אותם?
新しい服はあなたにとても似合っています。どこで買ったのですか？

מִתּוֹךְ ה　　　～の中から

כשנסעתי באוטובוס הוצאתי את הספר מתוך התיק כדי לקרוא.
私はバスに乗ったとき、かばんの中から読書のために本を取り出した。

מִתַּחַת ל　　　～の下に

התיקים של התלמידים מתחת לכיסאות בזמן השיעור.
学生たちのかばんは授業中はイスの下にある。

מִתְעַנְיֵין ב　　　～に興味を持つ

דני מתעניין בכדורגל, אבל הוא גם מתעניין מאוד במחשבים.
ダニはサッカーに興味があるが、彼はコンピューターにも強い興味を持っている。

לִמְאוֹס ב　　　～にうんざりする

הילד לא רצה לאכול את העוף. בחודש האחרון הוא אכל עוף כל יום ולכן מאס בעוף.
その子は鶏肉を食べたくなかった。先月彼は鶏肉を毎日食べたために鶏肉にうんざりしていた。

129

לְמַהֵר ל 　～に急ぐ

השיעור מתחיל בתשע והיו לדני רק עוד חמש דקות, לכן הוא מיהר לכיתה.

授業は9時に始まるが、後5分しかなかったので、ダニは教室に急いだ。

האמבולנס מיהר להגיע למקום תאונת הדרכים.

救急車は交通事故の現場に急いだ。

לְמַזֵּג את 　～を統合する／を混ぜる

בישראל הצליחו ועדיין מצליחים למזג מהגרים מארצות שונות. התוצאה היא מיזוג בין תרבויות.

イスラエルでは様々な国からの移民を統合することにこれまでも成功してきて、今もしている。その結果は諸文化の調和である。

לִמְחוֹת על / נגד 　～に反対する

עובדי חברת החשמל החזירו את מיכתבי הפיטורים להנהלה, וכך מחו על הניסיון לפטר אותם.

電気会社の社員は解雇通知を経営者側に返却し、自分たちを解雇しようとする試みに反対した。

לְמַלֵּא (את) ב 　～を満たす／（教え）を守る

מחר תהיה הפסקת מים, ולכן היום מילאנו הרבה מיכלים במים.

明日断水があるので、私たちは今日たくさんの容器に水を満たした。

התלמידים למדו קשה ומילאו את ההוראות של המורים.

生徒たちは熱心に勉強して先生たちの教えを守った。

לְמַלֵּא הַבְטָחָה 　約束を果たす

דני מילא את ההבטחה להביא לי מצלמה מארצות הברית.

ダニはアメリカからカメラを私に持ってくるという約束を果たした。

לְמַמֵּן את　〜を支援する／に投資する／（金銭）を与える

מדינות מערב אירופה מממנות את הלימודים של צעירים באוניברסיטה עד גיל 23.

西欧諸国では、23歳まで青年の大学教育を支援する。

לְמַמֵּשׁ את　〜を実現する

צעירים רבים רוצים לממש את חלומם לטייל בעולם.

多くの若者は世界旅行の夢を実現したいと思っている。

לִמְנוֹת את　〜を数える

המורה ביקשה מהתלמידים למנות את התפוחים שהיו בקופסה.

先生は生徒たちに箱の中にあるりんごを数えるように指示した。

לְמַנּוֹת את　〜を任命する

ראש הממשלה מינה את החבר הטוב שלו לשר החוץ.

首相は外務大臣に自分の親友を任命した。

לִמְנוֹעַ מ / מן　〜を防ぐ

השוטר דיבר בשקט אל הבחור שרצה לקפוץ מהגג, ומנע ממנו להתאבד.

警察官は屋根から飛び降りようとしている青年に静かに話かけ、彼が自殺するのを防いだ。

לִמְסוֹר את ל / לידי　〜に手渡す／に配達する／を裏切る

הדוור מסר לי את המיכתבים שהגיעו מאמא שלי.

郵便配達人は母から来た手紙を私に手渡した。

הרבה אנשים בהולנד במלחמת העולם השניה לא מסרו את היהודים לידי הגרמנים.

第二次世界大戦中オランダでは多くの人がユダヤ人をドイツ人の手に渡さなかった。

לִמְסוֹר מֵידַע על　～に情報を提供する

חברות שמפרסמות מוצר חדש לא תמיד מוסרות לקונה את כל המידע על המוצר.

新製品を宣伝するとき、会社はいつも消費者に製品の全情報を提供するとは限らない。

לִמְעוֹל ב (אֵימוּן, תפקיד)　～を裏切る

אדם שעובד בבנק או בחברה וגונב מהכסף הוא מועל באימון של החברה.

銀行や会社で働き、そこの金を盗む人は会社の信頼を裏切っている。

לִמְצוֹא את　～を見つける

לא מצאתי את הספר שלי בחדרי. אולי שכחתי אותו בכיתה?

私の部屋で自分の本を見つけられなかった。たぶん教室に忘れたのだろう。

לְמַצּוֹת את　～を網羅する

הכנתי סיכום על השיעור שלמדתי הסמסטר לקראת הבחינה. מיציתי את כל הנושאים.

私は試験のために今学期に学習した授業の要約を準備した。私は全ての内容を網羅した。

לִמְשׁוֹךְ את (ל)　～を……に引く／引きつける

האיש משך את הכלב שלו לתוך הבית.

その男性は自分の犬を家の中へ引き込んだ。

האישה היפה משכה את תשומת הלב של כל המשתתפים במסיבה.

その美しい女性はパーティーの全ての出席者の関心を引きつけた。

לִמְתּוֹחַ ביקורת על　～を批判する

תלמידים בישראל תמיד אוהבים למתוח ביקורת על המורים שלהם.

イスラエルの生徒は常に教師を批判することを好む。

לְמַתֵּן את　　～を穏やかにする

בזמן הפגנות אנשים לפעמים נעשים אלימים, לכן המנהיגים של ההפגנה צריכים למתן את דיבריהם.

デモの最中に人々は時々暴力的になるので、デモの指導者は言葉を穏やかにしなければならない。

נ

נֶאֱמָן ל　　～に忠実である

אדם שנאמן לאמונה שלו מוכן להילחם עליה.

自分の信念に忠実な人は、そのために戦う準備がある。

אנשים שנאמנים אחד לשני עוזרים זה לזה בזמנים קשים.

互いに信頼している人は、困難なときに助け合う。

לִנְבּוֹעַ מן / מ　　～に起因する／の結果である／の成果である

המצב הכלכלי הטוב של ערב הסעודית נובע מן הנפט הרב שיש באדמתה.

サウジアラビアの好景気はその国土にある大量の石油に起因する。

המסקנות של הרופאים נובעות ממחקר רפואי שהם ערכו במשך עשר שנים.

医師たちのその結論は十年間にわたる医療研究の成果である。

לִנְגּוֹעַ ב　　～に触る

אמא אמרה לדני לא לנגוע בתנור כי הוא חם.

母親はダニにオーブンは熱いから触るなと言った。

(בְּ)נוֹגֵעַ ל　　～について／に関して

אנחנו נפגשים הערב בנוגע להפסקת השביתה של העובדים.

私たちは従業員のストライキの中止について今夜に会合する。

נוֹלָד ב 〜で生まれる

אני נולדתי בירושלים אבל אבי וסבי נולדו באירופה.

私はエルサレムで生まれたが、父と祖父はヨーロッパで生まれた。

נוֹעָד ל 運命づけられる／天賦の才がある

כבר כשהיה דני בן 8 הוא ניגן בפסנתר כמו איש מבוגר. ידענו שהוא נועד להיות פסנתרן.

ダニが８歳のとき、既に彼は大人のようにピアノを弾いた。私たちはダニがピアニストとしての天賦の才があると知っていた。

נִיתָּן ל (+שם פועל) 〜が可能である

אינני בטוח אם ניתן לתקן את המחשב. הוא נראה לי מקולקל.

このコンピューターの修理が可能かどうかわからない。私には壊れているように思える。

נָתוּן ב （〜の状況）にある

סטודנטים בסוף הסימסטר נתונים בלחץ כי הם צריכים ללמוד לבחינות.

学生たちは試験のために勉強しなければならないので、学期末はプレッシャーの下にある。

לִנְהוֹג ב 〜を運転する／に接する

הסבא של חברי הוא בן 86, אבל הוא עדיין נוהג במכוניתו.

友人の祖父は 86 歳であるが、まだ車を運転している。

מנהל בית הספר נוהג בתלמידיו בפתיחות ובחברות, ולכן התלמידים אוהבים אותו.

その校長先生は生徒に対して開放的で親しく接するので、生徒たちは彼が好きだ。

לִנְסוֹעַ ל　～へ（乗り物で）行く

כל בוקר אני נוסע לאוניברסיטה באוטובוס.

毎朝私は大学へバスで行く。

ההורים של דני נוסעים בשבוע הבא לניו-יורק.

ダニの両親は来週ニューヨークへ行く。

לְנַצֵּחַ את ב　～で……を打ち負かす/に勝つ

קבוצת הכדורגל של הולנד ניצחה את הקבוצה האיטלקית במישחק שהיה אתמול בערב.

昨夜あった試合でオランダのサッカーチームはイタリアのチームに勝った。

לְנַצֵּל את　～を利用する

ישראל וירדן מנצלות את המינרלים של ים המלח ומייצרות תרופות מיוחדות.

イスラエルとヨルダンは死海のミネラルを利用して、特殊な薬品を製造している。

לְנַקּוֹת את　～を掃除する

במישפחות יהודיות נוהגים לנקות היטב את הבית לפני חג הפסח.

ユダヤ人の家庭は過越祭の前に家を非常にきれいに掃除することを習わしとしている。

לְנַתֵּחַ את　～を手術する／を分析する

האיש שנפל במדרגות שבר את רגלו והיה צריך לנתח אותה.

階段で転んだその男性は足を骨折し、手術しなければならなかった。

בשיעור הסטודנטים קראו סיפור של סופר רוסי, ואחר כך ניתחו את הסיפור.

授業で学生たちはロシア人作家の物語を読んだ後で、その小説を分析した。

ס

סָבוּר שׁ　〜を考える

ראש הממשלה של ישראל סבור שאפשר להגיע להסכם שלום עם הפלשתינאים.

イスラエルの首相はパレスチナ人との和平条約に至ることが可能であると考えている。

סָמוּךְ ל　〜に近い

הסופרמרקט סמוך לבית שלי, ולכן אני הולך כל יום לקנות לחם וחלב טריים.

スーパーマーケットが家に近いので、私は毎日新鮮なパンと牛乳を買いに行く。

לִסְבּוֹל מ　〜に苦しむ

לדני כואב הראש. הוא סובל מכאב ראש כבר שלושה ימים.

ダニは頭が痛い。彼はもう3日も頭痛に苦しんでいる。

לִסְגּוֹר את　〜を閉める

הבוקר שכחתי לסגור את החלון בבית. אני מקווה שלא יירד גשם.

今朝私は家の窓を閉めるのを忘れてしまった。雨が降らないことを願っている。

לָסֶגֶת מ　〜から撤退する

לפי החוק הבינלאומי ישראל צריכה לסגת מהשטחים שכבשה ב-1967.

国際法によりイスラエルは1967年に占領した地域から撤退しなければならない。

לְסַדֵּר את　〜を片付ける／を整頓する

אמא אמרה לדני לסדר את החדר שלו.

母親はダニに自分の部屋を片付けるように言った。

לְסַיֵּים את　～を終える

האוניברסיטאות בישראל מסיימות את שנת הלימודים האקדמית בחודש יוני.

イスラエルの大学は６月に学年を終える。

לְסַיֵּעַ ל (ב)　～に……を援助する／を手伝う

מדינות אירופה מסייעות לאפריקה במזון ובתרופות.

ヨーロッパの国々はアフリカに食糧と薬品を援助している。

חברי סייע לי לתקן את המכונית.

私の友人は私に車の修理を手伝ってくれた。

לִסְמוֹךְ על　～を信頼する

ילדים מאמינים שהם יכולים תמיד לסמוך על ההורים שלהם.

子どもはいつも両親を信頼出来ると信じている。

לְסַמֵּן את　～に印をつける

סימנתי את המחברות שלי בצבעים כדי שאוכל להבדיל ביניהן בקלות.

私はノートを簡単に区別するためにノートに色で印を付けた。

לְסַפֵּר ל על　～に……について話をする

הורים אוהבים לספר לילדים שלהם על הימים שהם היו צעירים.

親は子どもに自分たちが若かった頃の話をするのが好きだ。

לְסַפֵּר את　（髪）を切る

השיער של דני היה ארוך לכן הוא הלך למיספרה. הספר סיפר את השיער של דני.

ダニの髪は長かったので、理髪店に行った。理容師はダニの髪を切った。

לְסָרֵב ל　～を断る

אורי סירב להצעה שלנו לנסוע לתל אביב בשבת.

ウリは土曜日にテルアビブに行くという私たちの提案を断った。

ע

עָדִיף עַל (לְהַעֲדִיף עַל) ～よりも好む

אנשים צעירים מעדיפים עבודה במישרד על עבודה פיזית בשדה.

若い人は畑での肉体労働よりも事務所の仕事を好む。

עִימוּת בין... (לבין) ～との間の対立（がある）

בזמן המלחמה הקרה היה עימות אידיאולוגי בין המזרח והמערב.

冷戦時代に東西間にイデオロギーの対立があった。

עָסוּק ב ～に忙しい

בכל יום בשעה שש בערב אמא עסוקה בהכנת ארוחת הערב לכל המישפחה.

母親は毎日夕方6時に家族皆のための夕食の支度に忙しい。

לַעֲבוֹד ב ～で仕事をする／で働く

אבא שלי עובד במחשבים, בחברה גדולה בתל-אביב.

父はテルアビブの大きな会社で、コンピューターの仕事をしている。

לַעֲבוֹר את ～に合格する／に受かる

הסטודנט למד שעות רבות ועבר את הבחינה בהצלחה.

その学生は長時間勉強し、そして試験に合格した。

לַעֲבוֹר ל ～に移る

השנה אני עובד באוסקה. בשנה הבאה אני אעבור לטוקיו לעבוד בחברה גדולה יותר.

今年私は大阪で働いている。来年はより大きな会社で働くために東京に移る。

לַעֲבוֹר דִירָה　　～に引っ越す

החלטנו לעבור דירה אחרי שנולד לנו הילד השלישי כי הדירה היתה קטנה.

アパートが小さかったので三人目の子どもが生まれた後、私たちは別のアパートに引っ越すことに決めた。

לַעֲבוֹר עַל (החוק)　　（法律）を破る／（法）に違反する

ביפן אסור לנהוג מעל 80 קילומטר לשעה בכביש בינעירוני. מי שנוהג 100 קמ"ש עובר על החוק.

日本では時速80キロ以上で高速道路を走行することは禁止されている。時速100キロで走る人は法律を破っている。

לַעֲבוֹר עַל פְּנֵי　　～を通り過ぎる／の前を横切る

הבנתי שהתבלבלתי בדרך כשראיתי שאני עובר על פני אותה החנות כבר שלוש פעמים.

私は同じ店の前を三回も通り過ぎたことに気付いたとき、道に迷っていると分かった。

לְעַדְכֵּן אֶת בְּ　　～に……を更新する

בישראל כאשר אנשים עוברים לגור בעיר אחרת הם צריכים לעדכן את משרד הפנים בכתובתם החדשה.

イスラエルでは他の町へ引っ越すとき、内務省で新しい住所に更新しなければならない。

לְעוֹרֵר אֶת / בְּ　　～を思い出させる／を想起する

הספר שקראתי על ניו-יורק עורר בי זכרונות מהימים שגרתי במנהטן.

私が読んだニューヨークに関する本は、マンハッタンに住んでいた時のことを思い出させた。

לַעֲזוֹב את   ～を立ち去る／を残す

דני עזב את החדר בכעס אחרי המריבה עם רותי.
ルティとの喧嘩の後、ダニは怒って部屋を立ち去った。

חברי הטוב עזב את ביתו ואת מישפחתו ונסע לעבוד בחוץ לארץ.
私の親友は家と家族を残して、外国へ働きに行った。

לַעֲזוֹר ל / ב   ～を手伝う

הבוקר עזרתי לרותי להכין עוגות למסיבה שתהיה הערב.
今朝私は今夜のパーティーのためにルティがケーキを作るのを手伝った。

לַעֲטוֹף את ב   ～を包む／を包装する

אמא עטפה את התינוק בשמיכה כי היה קר מאוד בדירה.
アパートの中がとても寒かったので、母親は赤ん坊を毛布で包んだ。

ביפן עוטפים תמיד את המתנות בצורה יפה.
日本ではいつも贈り物をきれいに包装する。

לַעֲלוֹת ל   ～に乗る／に上る

הנהג של האוטובוס ביקש מהנוסעים לא לעלות לאוטובוס, כי יש אחריו אוטובוס ריק.
後に空(から)のバスが来るので、バスの運転手はこのバスに乗らないように乗客に頼んだ。

המעלית בבניין לא עבדה ואני עליתי שמונה קומות ברגל.
建物のエレベーターは動かなかったので、私は8階まで歩いて上った。

לַעֲמוֹד על   ～の上に立つ

עמדתי בחדר על הכיסא כשהמנהל נכנס.
校長先生が入ってきたとき、私は部屋でいすの上に立っていた。

לַעֲמוֹד על (משמעות)　（意味）を理解する／が分かる

קראתי את הכתבה בעיתון פעמיים אבל לא עמדתי על המשמעות של הדברים.

私は新聞の記事を二回読んだが、記事の意味を理解出来なかった。

לַעֲמוֹד על (דיעה)　（考え）に固執する

רותי לא הסכימה שהבן שלה ייסע לחו"ל, אבל הוא סיים את השירות הצבאי ועמד על דעתו לנסוע לטיול בדרום אפריקה.

ルティは自分の息子が外国旅行することに賛成しなかったが、息子は兵役を終えて南アフリカへ行く計画に固執した。

לַעֲנוֹת ל על　～に（……を）答える

התלמידים לא ידעו את התשובה ולא יכלו לענות על השאלה של המורה.

学生たちは答えを知らなかったので、教師の質問に答えられなかった。

לַעֲסוֹק ב　～に従事する／に関わる

אני עוסק במחקר על חיות במידבר יהודה.

私はユダ砂漠の動物の研究に従事している。

לְעַצֵּב את　～をデザインする／を形成する

יש אנשים שמזמינים מומחה כדי שיעצב להם את הבית.

自分の家をデザインするために専門家を呼び寄せる人がいる。

לַעֲקוֹב אחרי　～を追跡する／後をつける

השוטר חשב שהאיש מתנהג מוזר ולכן עקב אחריו במשך שעתיים.

警察官はその男が不審な動きをすると思ったので、２時間も後を追跡した。

עקבתי אחרי הכלב שהלך ברחוב כדי לראות לאיזה בית ייכנס.

道を歩いている犬がどこの家に入るのかを見るために後をつけた。

לְעָרֵב את ב ～をまきこむ／に関わる

הילדה היתה מאוד מדוכאת, אבל היא לא רצתה לערב את אמא שלה בבעיות שלה.

その子は非常に落ち込んでいたが、自分の問題に母親をまきこみたくなかった。

לַעֲרוֹךְ את ～を開催する／を編集する／（食卓）を整える

כל שנה בחג החנוכה אנחנו עורכים באוניברסיטה את הכנס בנושא יהדות.

毎年ハヌカの祭のときに私たちは大学でユダヤ学会議を開催する。

כשהייתי סטודנט עזרתי לערוך את עיתון הסטודנטים.

私は学生のとき、学生新聞を編集するのを手伝った。

חברתי ואני ערכנו מסיבה. סידרנו את הכלים ואת הפרחים על השולחנות.

友人と私はパーティーを開いた。私たちはテーブルの上に食器と花を整えた。

לפני הארוחה צריך לערוך את השולחן.

食事前に食卓を整えなければならない。

לְעַרְעֵר את ～を揺るがす

מדינת ישראל היא מדינה דמוקרטית. אני מאמין שאי אפשר לערער את הדמוקרטיה הישראלית.

イスラエル国は民主主義国家である。私はイスラエルの民主主義を揺るがすことは不可能だと信じている。

לְעַרְעֵר על ～に控訴する／を訴える

בית המישפט פסק שהאיש אשם. אבל עורך הדין שלו החליט לערער על פסיקת בית המישפט.

裁判所はその男に有罪の判決を下した。しかし彼の弁護士は裁判所の判決に対して控訴することに決めた。

פ

פְּגִישָׁה בין ל / לבין / עם　～との会談

הפגישה בין ראש הממשלה לנשיא המדינה התקיימה בירושלים.

首相と大統領の会談はエルサレムで催された。

הפגישה של ראש הממשלה עם שר החוץ היפני התקיימה במלון מפואר.

首相と日本の外務大臣との会談は豪華なホテルで行われた。

פָּחוֹת מ / מן　～より少ない

לי יש מאה ספרים. לחברי יש שלוש מאות ספרים. לי יש פחות ספרים מלחברי.

私は本を 100 冊持っている。私の友人は 300 冊の本を持っている。私が持っている本は友人より少ない。

פָּטוּר מ　～を免除される

כל צעיר בן 18 בישראל צריך ללכת לשירות צבאי. אחוז קטן של יהודים וכל האזרחים הערבים פטורים מהשירות.

イスラエルで若者は全員 18 歳で兵役に就かなければならない。若干のユダヤ人と全てのアラブ人は兵役を免除されている。

פְּשָׁרָה בין לבין　～と……との妥協

כשבעל ואישה רבים ביניהם ומחליטים להתגרש, הם צריכים להגיע לפשרה ביניהם על הרכוש המשותף.

夫婦が互いに争って離婚しようと決めたとき、彼らは共有財産について妥協に至らなければならない。

לִפְגּוֹעַ ב 〜を傷つける／を侮辱する／に当たる

המילים שאמר הישראלי לעולה החדש מרוסיה פגעו מאוד בעולה.

ロシアからの新しい移民に対してイスラエル人の言った言葉は、移民をはなはだしく傷つけた。

הילד זרק את הכדור ופגע בראש של חברו.

その子どもはボールを投げ、友達の頭を傷つけた。

לִפְגּוֹשׁ את / ב 〜と出会う

כשהלכתי ברחוב פגשתי את החבר שלי שלמד איתי בבית הספר. פגשתי בו אחרי שלא ראיתי אותו יותר מעשר שנים.

道を歩いていたとき、学校で一緒に勉強していた友人に出会った。十年以上会っていなかった彼に出会った。

לִפְחוֹד מ / מן 〜を恐がる

ילדים קטנים פוחדים מאוד ממפלצות והושך.

小さな子どもはお化けと暗闇をとても恐がる。

לְפַטֵּר את (מ) 〜を解雇する

העובד החדש התחיל לעבוד לפני חודש, אבל אתמול פיטרו אותו מהעבודה כי הוא לא עבד היטב.

新しい労働者は一ヶ月前に働き始めたが、あまりよく働かなかったので昨日仕事を解雇された。

לִפְלוֹשׁ ל 〜に侵攻する

בשנת 1956 ישראל ביחד עם אנגליה וצרפת פלשו לחצי האי סיני.

1956 年にイスラエルはイギリスとフランスと共にシナイ半島に侵攻した。

לְפְנוֹת ל　〜で曲がる

אמרתי לנהג של המונית לפנות לרחוב בן-יהודה, והוא פנה לרחוב בן-הלל.

私はタクシーの運転手にベン・イェフダ通りで曲がるように言ったが、彼はベン・ヒレル通りで曲がった。

לְפַנּוֹת את　〜を明け渡す

בשנת 1979 ישראל ומצרים חתמו הסכם שלום, וישראל פינתה את סיני, והחזירה את השטח למצרים.

1979 年にイスラエルとエジプトは平和条約を締結し、イスラエルはシナイ半島を明け渡し、その領域をエジプトに返還した。

לְפַצּוֹת את (ב / על)　〜に埋め合わせをする／を償う

הרבה הורים שעובדים ואין להם זמן להיות עם הילדים שלהם, מפצים את הילדים במתנות.

働いていて、子どもと一緒にいる時間がない多くの親は子どもたちに贈り物で埋め合わをする。

הממשלה מפצה את העובדים על העלייה ביוקר המחייה באמצעות "תוספת יוקר".

政府は生活費の上昇を労働者に物価上昇手当で埋め合わせる。

לְפַקֵּד על　〜に命令する

בצבא יש חיילים ויש קצינים. הקצין מפקד על החיילים ואומר להם מה לעשות.

軍隊には兵士と将校がいる。将校は兵士に命令し何をするべきかを言う。

לִפְרוֹץ ל / אל　〜に侵入する

השודד פרץ לבנק דרך הדלת האחורית, אבל המישטרה תפסה אותו.

強盗は裏のドアから銀行に侵入したが、警官は彼を捕まえた。

לְפַרְסֵם את ～を出版する／を発行する／を宣伝する

ביפן מפרסמים הרבה ספרים כל שנה.

日本では毎年たくさんの本を出版している。

חברות מפרסמות את המוצרים שלהן באמצעות פירסומות בטלויזיה ובעיתונים.

会社は自分たちの製品をテレビや新聞の広告を通して宣伝する。

לְפַשֵׁר בין לבין ～と……を和解させる

ארצות הברית לא מצליחה לפשר בין הישראלים לפלסטינים אחרי הסכם השלום משנת 1993.

1993年の平和条約以降、アメリカはイスラエルとパレスチナを和解させることに成功していない。

לִפְתּוֹחַ את ～を開ける

כשבאתי הביתה לא יכולתי לפתוח את הדלת. כשהסתכלתי על המפתח ראיתי שאני מנסה לפתוח את הדלת עם המפתח של המישרד.

私が家に帰ったときドアを開けることが出来なかった。鍵を見ると事務所の鍵で開けようとしていたことに気がついた。

לִפְתּוֹר את ～を解決する

לא יכולתי לפתור את השאלה במתימטיקה כי שכחתי מה שלמדתי בבית ספר תיכון.

私は高校で勉強したことを忘れたので、数学のその問題を解くことが出来なかった。

לְפַתֵּחַ את ～を開発する／を発展させる

ביפן הצליחו לפתח מכוניות טובות שקונים אותן בכל העולם.

日本は世界中で購入されている優秀な車を開発することに成功した。

צ

צוֹרֶךְ ב　　〜が必要である

לכל איש יש צורך בחופשה של יום בשבוע כדי לנוח.

人は誰でも一週間に一日、休息するための日が必要だ。

לְצַווֹת ל　　〜に遺贈する／遺言する

כשאבא של דני נפטר הוא ציווה לדני את כל הרכוש שלו.

ダニの父親が死んだとき、全財産をダニに遺贈した。

לְצַווֹת על　　〜に命じる／に命令する

האב ציווה על דני לדאוג לאמא שלו ולאחותו.

父はダニに母親と妹の面倒をみるように命じた。

לְצוֹתֵת (ל)　　〜を盗み聞きする／を盗聴する

התלמידים פחדו מהמורה, ולכן צותתו מאחורי דלת חדר המורים.

生徒たちは教師を恐れていたので、職員室のドアの後ろで盗み聞きした。

במשטרה מצותתים לטלפונים של הפושעים.

警察は犯罪者の電話を盗聴する。

לִצְחוֹק על / ל　　〜を笑う

הבחור הצעיר לבש חליפה יפה למסיבה, אבל חבריו צחקו עליו כי הם לבשו מכנסיים וחולצה.

その若者はパーティーに美しいスーツを着てきたが、友人たちは皆ズボンにシャツを着ていたので彼を笑った。[52]

52　日本と異なり、イスラエルではパーティーなどには軽装で出席するのが一般的である。

לִצְחוֹק מ / מן 〜を笑う

דני סיפר לנו בדיחה. כולנו צחקנו מן הבדיחה הטובה.

ダニは私たちに冗談を言った。私たちは皆その面白い冗談を笑った。

לְצַטֵּט את 〜を引用する

כדי לכתוב את העבודה בהיסטוריה היינו צריכים לצטט את דברי לותר קינג.

私たちは歴史の論文を書くためにキング牧師の言葉を引用しなければならなかった。

לְצַיֵּין ש 〜を指摘する

המורה ציין שהרבה סטודנטים טעו בין האותיות למד ו-ריש.

先生は多くの学生がラメドとレーシュの文字を間違えていたことを指摘した。

לְצַלְצֵל ל / אל 〜に電話をする

אני צריכה לצלצל לרותי כדי להזכיר לה לבוא לישיבה היום.

私は今日の会議に来ることを思い出させるためにルティに電話をしなければならない。

דני צילצל אלי בשעה 11:00 בלילה. הוא אמר שהוא רוצה לדבר על עניין חשוב.

ダニは夜の十一時に私に電話をしてきた。彼は重要な要件について話したいと言った。

לִצְעוֹק על 〜に怒鳴る／に叫ぶ

יש הורים שצועקים על הילדים שלהם, כשהילדים לא מקשיבים להם.

子どもが話を聞かないとき、子どもに怒鳴る親もいる。

לְצַפּוֹת ל 〜に期待する

אנחנו מצפים לאולימפיאדה הבאה. אולי הפעם יפן תשיג יותר מדליות.

私たちは次のオリンピックに期待している。おそらくこの次日本はきっと多くのメダルを獲得するだろう。

לָצֶקֶת (את) ל(תוֹךְ)　〜を……に注ぐ

כשיוצקים שמן לסיר צריך להזהר שהסיר לא יהיה חם מידי.

油を鍋に注ぐとき、鍋が熱過ぎないように注意しなければならない。

ק

קַר ל　〜にとって寒い

בירושלים בחודשים ינואר-פברואר להרבה אנשים קר, כי הטמפרטורה יכולה להיות אפס מעלות.

気温が０度のことがあるので、エルサレムの一月、二月は多くの人々にとって寒い。

קָרוֹב ל　〜に近い

בית הספר שלנו קרוב מאוד לבית שלנו. הולכים ברגל חמש דקות ומגיעים.

学校は私たちの家に大変近い。歩くと５分で着く。

קֶשֶׁר עם　〜と関係を持つ／との繋がり

לישראל יש קשרים כלכליים חזקים עם אירופה וארצות הברית.

イスラエルはヨーロッパとアメリカとの強力な経済的関係を持っている。

לִקְבּוֹעַ את / ש　〜を決める

קבענו את הפגישה לשבוע הבא ביום שני.

私たちは会議を来週の月曜日に決めた。

המנהל קבע שכל התלמידים צריכים לבקר במוזיאון לאומנות.

校長は全ての生徒が美術館を訪問すべきであると決めた。

לְקַבֵּל את　〜を受け取る

אורי קיבל את המיכתבים ששלחתי לו מיפן.

ウリは私が日本から彼に送った手紙を受け取った。

לְקַבֵּל אֶת פְּנֵי 〜を迎える

נסעתי לשדה התעופה כדי לקבל את פני חברי שהגיע לישראל מיפן.

私は日本からイスラエルに到着した友人を迎えるために空港に行った。

לְקַוּוֹת ל/ ש 〜を期待する／を望む

אנחנו מקווים להצלחה של התוכנית.

私たちはその計画の成功を期待している。

הסטודנטים מקווים שיצליחו בבחינות.

学生は試験に合格することを望んでいる。

לָקַחַת חֵלֶק ב 〜に参加する

דני רצה להשפיע על תוצאות הבחירות של מועצת התלמידים, ולכן לקח חלק בכתיבת דיברי המתמודדים.

ダニは生徒会の選挙結果に影響を及ぼしたかったので、彼は立候補者の演説の作成に参加した。

לְקַיֵּים אֶת 〜（会）を開く／を催す

אנחנו רוצים לקיים את הסמינר מחר בבוקר בשעה עשר בדיוק.

私たちは明日の朝 10 時ちょうどにゼミを開きたい。

לְקַיֵּים הַבְטָחָה 約束を果たす

הורים משתדלים לקיים את ההבטחות שנתנו לילדים שלהם.

親は子どもとの約束を果たそうと努める。

לִקְלוֹט את　〜を受け入れる／を吸収する／を受信する

מדינת ישראל קולטת את העולים החדשים שמגיעים מרחבי העולם. קשה לקלוט אנשים מבוגרים אבל קל לקלוט את הילדים.

イスラエル国は世界中からやって来る移民を受け入れる。成人を受け入れるのは難しいが、子どもを受け入れるのは容易である。

אפשר לקלוט את שידורי הרדיו בשפות האמהרית והרוסית בשעות הערב.

夕方にロシア語とアムハリ語のラジオ番組を受信することが出来る。

לְקַלֵּף את　（果物、野菜の皮）を剥く

כשרוצים לאכול תפוז צריך לקלף את הקליפה הקשה.

オレンジが食べたいとき、固い皮を剥(む)かなければならない。

לְקַנֵּא ב　〜に嫉妬する／を羨む

כשנולד אח קטן תמיד האח הגדול מקנא בו, כי כולם מדברים על התינוק החדש.

皆が新しい赤ん坊のことを話すから、弟が生まれるときいつも上の子は弟に嫉妬する。

יש אנשים שמקנאים באנשים מצליחים או עשירים.

成功した人やお金持ちを羨(うらや)む人たちがいる。

לִקְנוֹת את　〜を買う

קמתי הבוקר מוקדם כדי לקנות לחם טרי במאפיה.

私はパン屋で焼きたてのパンを買うために今朝早起きした。

לְקָרֵב את ל　〜を……に近づける

האב קֵרֵב את הכיסא של הילד לשולחן.

父親は子どもの椅子をテーブルに近づけた。

העדה החרדית בישראל מנסה לקרב את הצעירים החילוניים לדת.

イスラエルの超正統派の集団は世俗的な（非宗教的な）若者を宗教に近づけようとこころみている。

לִקְרוֹא את / ב　～を読む

דני קורא את הספר שנתנה לו המורה. הוא קורא בַּספר על ההיסטוריה של השפה העברית.

ダニは先生が渡してくれた本を読んでいる。彼はその中でヘブライ語の歴史について読んでいる。

לִקְרוֹא ל　～に声をかける／を呼ぶ／と名づける

אורי קרא לדני שהיה בצד השני של הכביש.

ウリは道の向こう側にいたダニに声をかけた。

כשנולד לחברי בן הוא קרא לו "יעקב". זה היה השם של אבא של חברי.

私の友人に息子が生まれたとき、彼は息子を「ヤコブ」と名づけた。これは友人の父親の名前であった。

לְקָרֵר את　～を冷やす

בכיתה היה חם. הפעלנו את המזגן כדי לקרר את החדר.

教室は暑かった。私たちは部屋を冷やすためにクーラーをつけた。

לְקַשֵּׁר בין לבין　～を結ぶ

מוסיקה יכולה לקשר בין אנשים, גם אם הם לא מדברים באותה שפה.

たとえ同じ言語を話さなくとも、音楽は人と人を結ぶことが出来る。

ר

רָאוּי ל　～に権利がある／に値する

מנהל המחלקה חושב שדני ראוי לחופשה ארוכה אחרי שסיים בהצלחה את הפרוייקט האחרון.

最新のプロジェクトが成功に終わった後、部長はダニに長期休暇を得る権利があると思っている。

רָגִיל ל / אל　　　～に慣れている

ירושלמים רגילים למזג אוויר חם ויבש. על כן קשה להם לגור בקיץ בקיוטו שבה חם ולח מאוד.

エルサレムの人間は暑くて乾燥した気候に慣れている。だから大変暑くて湿気の多い夏の京都に住むことは難しい。

רָחוֹק מ　　　～離れている

הבית שלי בשכונה חדשה מחוץ לעיר. השכונה רחוקה ממרכז העיר. כדי להגיע למרכז העיר צריך לנסוע שעה במכונית או חצי שעה ברכבת.

私の家は街の郊外の新興住宅地にある。住宅地は街の中心から遠く離れている。街に行くのに車では一時間、電車では三十分かかる。

לִרְאוֹת את　　　～を見る

אנשים אומרים "לא ראיתי", אף על פי שהם רואים היטב בשתי העיניים.

よく両眼で見えているにもかかわらず、人々は「私は見なかった」と言う。

ראיתי את הסרט האחרון על ג'ימס בונד ונהניתי מאוד.

私はジェームズ・ボンドの最近の映画を観てとても楽しんだ。

לָרֶדֶת מ / מן　　　～から降りる

הילד ישב על המכונית שלי ולא רצה לרדת ממנה אף על פי שביקשתי שוב ושוב.

何度も頼んだにもかかわらず、子どもは私の車の上に座り、そこから降りようとしなかった。

לִרְכּוֹש (את) מ　　　～を購入する／を買う

השנה דני רכש דירה גדולה בירושלים מחברים טובים שלו שעברו לתל אביב.

今年ダニはテルアビブに引っ越した友人からエルサレムの大きなアパートを購入した。

לִרְצוֹת ש 〜を望む／を欲する

כשנגמר הסרט הצופים נהנו מאוד ולכן רצו שהסרט יתחיל שוב.

映画が終わったとき、観客はその映画を大変楽しんだので、もう一度映画が始まることを望んだ。

לִרְשׁוֹם את (ב/ על/ ל) 〜を書く／登録する

אני סטודנט שנה שניה. רשמתי את שמי ברשימת הסטודנטים שנוסעים לרומא בקיץ.

私は２年生だ。夏のローマ旅行に行く学生の名簿に自分の名前を書いた。

הילדים רשמו את השם של המורה החדש על הלוח בכיתה.

子どもたちは新しい教師の名前を教室の黒板に書いた。

רשמתי את הילדים שלי ללימודים בבית ספר בשכונה.

地区の学校に私は自分の子どもたちを登録した。

לָרֶשֶׁת את 〜を継ぐ

בעבר, בהרבה חברות בעולם הבנים במישפחה היו יורשים את העסקים של האב, והבנות נשארו בלי כלום.

過去には世界の多くの社会で息子たちが父親の家業を継ぎ、娘には何も残されなかった。

ש

שׁוֹנֶה מ/ מן 〜と違う／と異なる

בסימסטר הזה הגיע אלינו מרצה חדש. הוא שונה מהמרצה הקודם.

今学期私たちのところに新しい講師が着任した。彼は前の講師とは違う。

שׁוּתָּף ל 〜のパートナー／の共有者

סטודנטים בירושלים גרים ביחד בדירות שכורות. הם שותפים לשכירת הדירה.

エルサレムで学生たちは賃貸アパートに一緒に住んでいる。学生たちはアパート貸借のパートナーである。

לְשׂוֹחֵחַ (שיחה) עם / בין　～と話をする／会話する

האב שוחח עם בנו על משחקי הכדורגל של השבוע שעבר.

父親は先週のサッカーの試合について息子と話をした。

האם לא היתה שותפה לשיחה בין האב לבין הבן כי היא לא מבינה בכדורגל.

サッカーが分からないから、母親は父親と息子の会話に加わらなかった。

שַׁיָּךְ ל　～のものである／に属する

הבית הזה שלי. הוא שייך לי כי אני קניתי אותו.

これは私の家だ。私はこれを買ったのでそれは私のものだ。

לִשְׁאוֹל את　～を尋ねる／に訊く

התלמידים שואלים את המורה לעברית מה המשמעות של מילים חדשות שלמדו.

学生たちはヘブライ語の教師に勉強した新しい単語の意味について尋ねる。

לִשְׁאוֹל בְּעֵצָה　～に意見を聞く／に相談する

לא יכולתי להחליט באיזו עבודה לבחור ולכן שאלתי בעצת אמי.

私はどちらの仕事を選ぶか決められなかったので、母親に意見を聞いた。

הרבה זמן הרגשתי לא טוב וחשבתי שאולי אני חולה. על כן הלכתי לשאול בעצת רופא המישפחה.

長い間私は気分がすぐれず、病気かもしれないと思った。それで掛かりつけの医者に相談に行った。

לִשְׁאוֹל (את) מ / מן　～から……を借りる

לפני הבחינה שאלתי חמישה ספרים מהספריה.

試験前に私は図書館から本を五冊借りた。

לִשְׁאוֹף ל　～を志す

דני שואף להיות רופא. הוא רוצה לרפא חולים במקומות שאין רופאים.

ダニは医者を志している。彼は医者のいない地区で病人を治したい。

לָשֵׂאת את　～を背負う／を担ぐ

אימהות במרכז אסיה נושאות את הילדים על הגב במשך כל יום העבודה שלהן.

中央アジアの母親たちは毎日仕事の間中子どもを背負っている。

לָשֵׂאת את לאישה　（男が）～と結婚する／を娶る

דני נשא את רותי לאישה לפני חג הפסח. עכשיו הם בעל ואישה.

ダニは過越祭の前にルティと結婚した。現在彼らは夫婦である。

לָשֵׂאת עיניים ל / אל　に向ける／目を～に上げる[53]

האב כעס על בנו שעמד בחדר ועיניו אל הריצפה. כשנכנסה האם לחדר נשא הילד את עיניו לאמו ובכה.

父親は床に目を落として部屋に突っ立っている息子に怒っていた。母親が部屋に入ってきたとき、息子は母親の方を向いて泣いた。

לִשְׁהוֹת ב　～に滞在する

כשנסעתי ללונדון שהיתי שלושה ימים בבית של קרובי מישפחה שלי.

私はロンドンに行ったとき、親戚の家に三日間滞在した。

לָשׁוּב ל　～に戻る

אחרי חופשת הקיץ הארוכה קשה לתלמידים לשוב לאוניברסיטה.

長い夏期休暇の後、学生にとって大学に戻ることは難しい。

53　詩篇 121:1, 123:1 にあるように、救いを求める表現である。

לְשׂוֹחֵחַ עם על 〜と話をする

המרצה שוחח איתי אחרי השיעור על העבודה שכתבתי.

授業の後、講師は私の書いた論文について私と話をした。

לְשַׂחֵק ב / עם / נגד 〜と遊ぶ／と試合をする

קבוצת הכדורסל של אוניברסיטת קיוטו שיחקה נגד הקבוצה של אוניברסיטת טוקיו.

京都大学のバスケットボールチームは東京大学のチームと試合をした。

הילדים שיחקו בכדור כל אחר הצהרים.

子どもたちは午後ずっとボールで遊んでいた。

הילד של דני משחק עם הילדה של רותי במשחקי מחשב.

ダニの息子はルティの娘とコンピューターゲームで遊んでいる。

לְשַׁחְרֵר את 〜から解き放す／自由にする

הילד אהב את הכנרית שלו, אבל יום אחד הוא שיחרר אותה מן הכלוב, והיא עפה לגן.

その子どもは自分のカナリアを大切にしていたが、ある日彼はカナリアを籠から解き放し、カナリアは庭へ飛んでいった。

לָשִׂים את על / ב 〜を……に置く

המורה שם את המחברות של הסטודנטים על השולחן. שתי מחברות הוא שם בתיק שלו.

教師は生徒たちのノートをテーブルの上に置いた。二冊を自分のカバンの中に入れた。

לָשִׂים לב ל 〜に注意を払う

הנהג במכונית לא שם לב שהאור ברמזור התחלף כי הוא קרא את העיתון.

車の運転手は新聞を読んでいたので、信号の色が変わったことに注意を払わなかった。

לִשְׁכּוֹחַ את 〜を忘れる

כל שבוע אני משנן את המילים החדשות שלמדנו בכיתה, אבל אחרי שבוע אני שוכח אותן, מה לעשות?

授業で学んだ新しい単語を毎週私は反復練習するが、一週間後には忘れてしまう。どうしたらいいのだろう？

לִשְׁלוֹחַ (את) ל / אל 〜に送る

אמא של דניאל שולחת לו כל חודש כסף מאמריקה, ולפעמים היא שולחת לו גם בגדים וממתקים.

ダニエルの母はアメリカから毎月彼にお金を送り、時々服や甘いものも彼に送っている。

לִשְׁלוֹל את (מ) 〜を取消す／を没収する／を否定する

בישראל שוללים את רשיון הנהיגה של נהג שעשה תאונת דרכים קשה.

イスラエルでは大きな交通事故を起こした運転手は、運転免許証を取消される。

במדינות שיש בהן דיקטטורה השלטון שולל את החופש של האזרחים.

独裁政権の国家では政府は国民の自由を否定する。

לְשַׁלֵּם ל על / עבור 〜に……を支払う

אתמול הלכנו לסרט. שילמנו לקופאית עבור הכרטיסים מאה שקלים.

昨日私たちは映画に行った。受付係にチケット代100シェケルを支払った。

לִשְׁמוֹר על 〜を守る

המישטרה שומרת על הסדר החברתי במדינה.

警察は国内の社会秩序を守る。

המשל הידוע אומר: "אין לתת לחתול לשמור על החלב".

「猫にミルクを守らせてはならない」という有名な諺がある。[54]

第5章　前置詞を用いた文例とその特徴

לִשְׁמוֹעַ את / על　～を聴く

בשבוע שעבר שמעתי את הקונצרט של בטהובן בתיאטרון. הקונצרט היה טוב מאוד למרות שלא שמעתי עד כה על התזמורת ועל המנצח.

先週私はベートーベンのコンサートを劇場で聴いた。そのオーケストラと指揮者のことはこれまで聞いたことはなかったが、コンサートは非常に良かった。

לִשְׁמוֹעַ בקול　～に従う

נערים בגיל 15 עד 20 מסרבים לפעמים לשמוע בקול ההורים שלהם. הנערים חושבים שהם חכמים מההורים שלהם.

15歳から20歳までの青年は時々両親に従うことを拒む。青年は自分たちが親よりも利口だと思っている。

לְשַׁנּוֹת את　～を変更する

בחודש אוקטובר אנחנו קובעים את תוכנית הלימודים האקדמית לשנה. אבל לפעמים אנחנו משנים אותה לפני הסימסטר השני.

私たちは年間の学術研究計画を10月に決定する。しかしときには2学期の前にそれを変更することもある。

אני אוהב מאוד את החדר שלי ולא רוצה לשנות בו דבר.

私は自分の部屋がとても気に入っているので、その部屋の何も変えたくない。

לִשְׁפּוֹךְ את על　～に（液体）を撒く／注ぐ

יש ארצות שבהן אנשים מנקים את הבית שלהם, ואחר כך שופכים את המים אל הרחוב. לפעמים הם שופכים את המים על אנשים שעוברים ברחוב.

家を掃除して、後でその水を道路に捨てる国がある。時々道を通る人たちの上に水を撒くこともある。

54　日本の諺「盗人に鍵を預ける」に相当する。猫に鰹節。

לְשַׁפֵּר את 〜を上げる／を改善する

דני היה תלמיד טוב, אבל בזמן האחרון הוא לא רוצה ללמוד. כדי לעבור את בחינות הכניסה לאוניברסיטה הוא צריך לשפר את הציונים שלו.

ダニは良い生徒だったが、最近勉強する気をなくしている。大学入試に合格するために、彼は成績を上げなければならない。

לִשְׁקוֹל את 〜を量る／を検討する

העגבניות שוקלות קילו וחצי, עכשיו שקלתי אותן.

今、私が量ったトマトは 1.5 キロある。

שרי החוץ של מדינות ערב שוקלים את ההצעה הישראלית לשיתוף פעולה.

アラブ諸国の外務大臣は、イスラエルが提案する協同事業を検討している。

לְשַׁתֵּף את (ב) 〜を含む

המורה רותי רוצה שכל הילדים ישתתפו במחזה של הכיתה. היא רוצה לשתף את כל הילדים, גם את הביישנים.

ルティ先生は子どもたち全員がクラスの劇に参加することを望んでいる。先生は恥ずかしがり屋も含めて全ての子どもを参加させたい。

ת

תְּגוּבָה על / ל 〜への対応／への反応

התגובה הישראלית להצעה של הסורים לשלום היתה שלילית.

シリアの和平案へのイスラエルの対応は否定的なものであった。

זמן התגובה של נהג צעיר ושל נהג מבוגר שונה והוא גורלי בזמן תאונה.

若い運転手と年配の運転手の反応時間は異なり、事故のときそれは致命的である。

תָּלוּי ב　～にかかっている／次第である／による

ההחלטה אם הטיול של בית הספר יהיה מחר תלויה במזג האוויר.

明日の学校遠足があるかどうかの決定は天気にかかっている。

לְתָאֵם עם　～に調整する／をまとめる

לפני שהמנהל החליט על הטיול של התלמידים הוא תיאם עם כל מורי בית הספר.

校長は修学旅行を決定する前に、学校の全教師に調整した。

לִתְבּוֹעַ את (לדין)　～を告訴する

השוכר לא שילם את שכר הדירה ובעל הבית תבע אותו לדין.

借家人が家賃を支払わなかったので、家主は裁判所に彼を告訴した。

לִתְבּוֹעַ מ / מן　～を要求する

האיש תבע מחברו שיחזיר לו את הכסף, אבל החבר אמר שאינו יכול.

その男性は友人にお金を返すように要求したが、友人は出来ないと言った。

לְתַכְנֵן את　～を計画する

בכל יום חמישי בנות הכיתה הגבוהה מתכננות מה ללבוש למסיבה שתהיה ביום שישי.

毎週木曜日に高学年の女の子たちは金曜日のパーティーに何を着るのか計画する。

אנחנו רוצים לתכנן את הטיול של הסטודנטים בישראל באביב.

私たちは春にイスラエルへの学生旅行を計画したい。

לִתְמוֹךְ ב　〜を援助する／支える

הורים בארצות עשירות בדרך כלל תומכים בילדים שלהם גם כשגדלו.

一般的に裕福な国の親は、成人した子どもたちをも援助している。

הורים בארצות ענייות מולידים הרבה ילדים כדי שהילדים יתמכו בהם כאשר הם יהיו זקנים.

親が年老いたときに子どもたちが親を支えるように、貧しい国の親はたくさん子どもを生む。

לְתַמְצֵת את　〜を要約する

קראתי את המאמר על היהדות באנציקלופדיה ותמצתתי אותו, כדי שאוכל לזכור את הפרטים החשובים.

私は百科事典でユダヤ教の項目を読み、重要な内容を覚えられるように要約した。

לִתְרוֹם ל　〜を寄付する

בעל מיקרוסופט – ביל גייטס – תרם כסף רב למלחמה במחלת האיידס בהודו.

マイクロソフト社のオーナー、ビル・ゲイツは、インドのエイズ撲滅運動にお金をたくさん寄付した。

לִתְעוֹת ב　〜に迷う

כשהגעתי לבריסל, הייתי לבדי בעיר הגדולה ולא היתה לי מפה. תעיתי בדרך כמה פעמים. בסוף נסעתי במונית.

私がブリュッセルに着いたとき、大都会に一人でいて、地図も持っていなかった。何回も道に迷って、最後にはタクシーを使った。

לְתַקֵּן את　〜を正す／を直す

המורה מתקן את המיבטא של הסטודנטים.

教師は生徒たちの発音を正す。

החשמלאי תיקן הבוקר את המנורות בכיתה.

電気技師は今朝教室の電球を直した。

לְתַרְגֵּם את　〜を翻訳する
בפרק הזה של הספר תירגמנו את כל הדוגמאות מעברית ליפנית.
私たちは本のこの章では全ての例文を、ヘブライ語から日本語に翻訳した。

לָתֵת ל　〜を渡す／を与える
ביפן רוב הנשים הנשואות אינן עובדות והן דואגות לבית. בתחילת כל חודש האישה נותנת לבעל שלה את הכסף שבו ישתמש במשך החודש לאוכל ונסיעות.
日本では多くの既婚女性は働かず、家事に従事する。月初めに妻は夫にその月の食費と交通費を渡す。
דני נתן לרותי זר פרחים להביע את אהבתו.
ダニは愛情を表現するために花束をルティに渡した。

2. 前置詞使用時のいくつかの特徴

a.

本章では、ここまでに、前置詞を使用した現代ヘブライ語文を約590例紹介した。すでに指摘したように、現代ヘブライ語の動詞と前置詞は、構文でも意味の上でも関連している。

スターンは、動詞の意味に関する論考において、構文にてらして動詞を二グループに分類した。ひとつは他の文要素なしでもよいグループ、(משלים; optional complement)、もうひとつは補語的な語句を必要とするグループ（מרחיב; obligatory complement）である。前置詞は補語的な文要素を導くので、前置詞を伴う動詞は後者のグループに入る。スターンによれば、後者のグループは前置詞の種類に応じてさらに６つに区分される[55]。

前項に挙げた全文例に目を通したところ、前置詞の使用頻度を次のようにまとめることができた。

55　Stern, ibid., p.17: את , ב , על , ל , מן , עם.

210	אֶת
154	ל
118	ב
76	עַל
52	מ(ן)
19	עִם
15	אֶל
11	בֵּין

この表に挙げた前置詞以外で補語的にはたらくものは、כְּ / כְּמוֹ などの他のいくつかの前置詞、לִפְנֵי、אַחֲרֵי、כְּלַפֵּי、מִפְּנֵי、בִּפְנֵי、עַל פְּנֵי、לְיַדֵי のように名詞が使われていて前置詞的にはたらく語、תַּחַת、בְּעַד、נֶגֶד のような名詞などである。これ以外にも、שֶׁ を使った従属文が補語句としてはたらく場合もあり、前項の文章でも、שֶׁ を通じて補語句をとる動詞の例をいくつか取り上げた。

前項の文例で最も頻繁に使用されていた前置詞は、אֶת であった。これは具体的・個別的な特定の目的語を指し示す対格標識であり、生物・無生物にかかわらず使われるので、文例のほぼ半数に関係していたといってよい。次に多く使われている前置詞は ל で、行為の方向性とかかわるが、ある方向への（to/toward）移動である場合もあれば、どこに（to/toward）対象物があるかを示す場合もある。前置詞 ל と意味の重なる前置詞に אֶל があるが、使用頻度は ל に比してかなり低い。この二つの前置詞の相違はこれまで長く議論されてきた。たとえば、שלחתי לו את המיכתב という文と שלחתי אליו את המיכתב という文は、「私は彼に手紙を送った」という基本的に同じ意味になる。わずかな意味の違いは、לו を用いた文章が「私は彼のために手紙を送った」を意味しうる点であろう。ここから、行為の方向性をはっきりさせたいときに אל を使うのではないかと考えられる。להגיע などのいくつかの動詞では、文中で場所に関する情報が既出の場合、אל が用いられる。以下はその例である。

הוא הגיע לַבית ; הוא הגיע אליו מוקדם
「彼は家へ到着した。彼はそこに早く到着したのだ。」

使用頻度の高い第３の前置詞は **ב** であり、おもな意味は「(ある場所) において」と「によって／〜でもって」の２つである。位置にかかわる前置詞 **על** と **(מ(ן** の使用頻度はこれよりも低い。**על** はある行為や事柄が起こる位置を示すときもあれば、「(あることに) ついて／関して」を意味することもある。位置にかかわるより一般的な前置詞が **ב** で、限定的に使われるのが **על** といえるだろう。

b.

ひとつ以上の前置詞を補語部分で用いるヘブライ語の動詞は数多い。たとえば、動詞 + **את** + **ב** や、動詞 + **עם** + **על** といった組み合わせがある。下にいくつか例を挙げる。

לִגְמוֹר את ב　　〜を終える
אבא של דני תמיד גומר **את** העבודה **ב**שעה שבע בערב.
ダニの父親はいつも夕方の７時に仕事を終える。

לְהַאֲשִׁים את ב　　〜で……を非難する
מיכאל בן השש האשים **את** אחותו בת הארבע **ב**שבירת האגרטל.
六歳のミカエルは花瓶を壊したことで四歳の妹を非難した。

לְדַבֵּר עם על　　〜について……と話す
כל יום, בוקר וערב, דני מדבר **עם** אמא שלו בטלפון **על** העבודה שלו.
毎日、朝晩にダニは電話で仕事について母親と話す。

また、שֶׁ で始まる従属文を前置詞部分と組み合わせる場合もある。

~を証明する　　　**לְהוֹכִיחַ ל ש**

הסנגור במישפט הוכיח **ל**שופט **ש**הנאשם לא היה במקום הרצח בזמן הרצח ולכן הנאשם זוּכָּה.

裁判で弁護士は裁判官に被告が殺害時間に殺害現場にいなかったことを証明したので、被告は無罪となった。

c.

第３章と第４章でも述べたことだが、ヘブライ語をどの言語に翻訳するかによって対応する前置詞は異なる。たとえば、ヘブライ語で אֶת のあるところに、英語なら前置詞は入らないが、日本語なら目的語を示す格助詞「を」が置かれる。日本語では、文章の主語が格助詞「は」、「が」で示され、目的語や目的格助詞が置かれてから、動詞が必ず文末にくる。他方、ヘブライ語では、第一に主語がきて動詞へと続き、次に前置詞を伴った補語句という順番になるが、もちろん動詞によっては前置詞が必要でないときもある。ここまでの文例から分かるように、語順は異なっていても אֶת はおおむね日本語の「を」に対応している。以下に例を示そう。

~を紛失する／を失くす　　　**לְאַבֵּד את**

אתמול איבדתי **את** התיק שהיו בו כסף ודרכון.

昨日私はお金とパスポートの入ったかばんを失くした。

しかし、日本語では「が」があてられる場合もいくつかある。

~が好きである　　　**לֶאֱהוֹב את**

דנה אוהבת **את** הספר הזה.

ダナはこの本が好きだ。

ヘブライ語では間接目的語を指して何らかの前置詞が使われているのに、日本語では直接目的語を示す「を」をあてていることも多い。

לֶאֱחוֹז ב　　～をつかむ／を握る

אחזתי **ב**ידית ופתחתי את הדלת.

私はノブをつかんでドアを開けた。

לְאַיֵּם על　　～を脅す

השודד איים **על** פקיד הבנק באקדח.

強盗は銀行員を拳銃で脅した。

日本語の適切な格助詞は、ヘブライ語の前置詞の意味に応じて、そのときどきで選択されることとなる。

לְאַחֵר ל　　～に遅れる

דני תמיד מאחר **ל**שיעור בבוקר.

ダニは朝いつも授業に遅れる。

第６章

文中での前置詞の選択と適用

1．適用例①–⑯

①　前置詞 **אֶת** の変化形

この前置詞には二通りの意味がある。

1）〜とともに

2）具体的・個別的な特定の対象を目的語として指し示す対格標識

目的語の前では **אֶת/אוֹתִי**	「〜とともに」の意で **אֶת/אִיתִי**
אוֹתִי	אִיתִי
אוֹתְךָ	אִיתְךָ
אוֹתָךְ	אִיתָךְ
אוֹתוֹ	אִיתוֹ
אוֹתָהּ	אִיתָהּ
אוֹתָנוּ	אִיתָנוּ
אוֹתְכֶם/ן; אֶתְכֶם/ן	אִיתְכֶם/ן
אוֹתָם/ן	אִיתָם/ן

1. אתמול ראיתי _________ (אַת) ברחוב בן-יהודה.
2. אתה היית _________ (הוא) בבית-הכנסת ?
3. לקחנו _________ (הם) לטייל ברחובות ירושלים.

4. הם טיילו ________ (אנחנו) ברחובות העיר הגדולה.
5. שמענו ________ (היא) מדברת הרבה זמן בטלפון.
6. היא דיברה ________ (אני) בטלפון והבטיחה לי שאף פעם לא תשכח ________ (הוא).
7. ביפן בונים ________ הבתים מעץ.
8. אני הולכת עם החברות שלי לבית-קפה. אני הולכת ________ לשתות קפה.

② 前置詞 **אֵת** / **עִם**

次の文章に、文脈にしたがって **את** あるいは **עם** の人称に応じた変化形を入れよ。

אבא שלי אוהב לספר לנו סיפורים. הוא תמיד מתחיל _____ (הוא) במילים "פעם, כשהייתי צעיר..." ; אני ואחותי תמיד מפסיקים _______ (הוא) ואומרים לו שגם עכשיו הוא צעיר, ולכן אנחנו אוהבים לשמוע ______ הסיפורים שלו. אבא אוהב לדבר ______ אחותי ו______ (אני), כי אנחנו תמיד מרגישים כמו חברים יחד _______ (הוא). אחותי ואני אוהבים לנסוע ______ בימי החופשה לבקר _______ הדודים שלנו. לפעמים אבא הולך ______ (אנחנו) לסרט ואחר-כך אנחנו משוחחים ______ (הוא) על הסרט. בשבוע שעבר הגיעו אלינו אורחים. אחותי ניקתה ______ הבית והכינה הכל. נפגשנו ______ (הם) בתחנת הרכבת ונסענו ______ (הם) לראות _____ התערוכה החדשה במוזיאון. אני לא זכרתי באיזה אוטובוס נוסעים למוזיאון, ולכן הייתי צריך לחפש ______ המספר של האוטובוס במפה. בחודש שעבר שינתה העיריה של ירושלים את המיספרים של האוטובוסים בעיר.
אנחנו בילינו ______ האורחים שלנו כל היום ונהנינו להיות ביחד ________ (הם). אבא שעבד כל היום, נפגש _______ (אנחנו) רק בערב, וביחד יצאנו לארוחת ערב במיסעדה טובה.

③　前置詞 **עַל / אֶל**

前置詞 **על / אל** を人称に応じた正しい変化形にして文章の中に入れよ。

1. כל הילדים מדברים על שמוליק. הם מדברים __________ .
2. אנחנו רוצים לדבר איתך ולכן טילפנו __________ .
3. רותי חשבה ________ הבחינה כל השבוע, כי היא פוחדת מבחינות.
4. רונית חיכתה לחברים שלה עד לשעה מאוחרת. אבל הם לא באו __________ .
5. כל רעש משפיע על ילדים. הרעש של המטוסים השפיע ___________ מאוד.
6. הם שלחו את המיכתבים להורים שלהם. המיכתבים הגיעו ___________ אחרי שבועיים.
7. החבילה ששלחתי לדני לא הגיעה _________ .
8. את ההודעה ________ החתונה ראיתי ________ לוח המודעות.
9. שמעתי _________ המסיבה מחברתי רותי.
10. דני צילצל ________ (אני) מוקדם בבוקר כשעדיין ישנתי.

④　前置詞 **עַל**

前置詞 **על** を人称に応じた正しい変化形にして文中に入れよ。

1. אני רוצה לדעת מה דני סיפר לכם __________ (אני).
2. מאז שיעקב עזב את ירושלים החברים שלו לא יודעים _________ (הוא) כלום.
3. "דינה" - אמר מיכאל - "את יודעת מה אני חושב ________ אבל אני לא יודע מה את חושבת _________ ".
4. עכשיו אנחנו מפורסמים ! עכשיו יכתבו __________ בעיתונים !
5. "אתם יודעים" - אמר יוסף לאחיו ואחותו - "הלילה חלמתי ___________".

⑤　前置詞 **כְּמוֹ** の変化形

כָּמוֹנִי כָּמוֹךָ כָּמוֹךְ כָּמוֹהוּ כָּמוֹהָ　כָּמוֹנוּ כְּמוֹכֶם כְּמוֹכֶן כְּמוֹהֶם כְּמוֹהֶן

前置詞 **כמו** を人称に応じた正しい変化形にして文中に入れよ。

1. נורית היא תלמידה טובה. אין בכיתה תלמידה טובה __________.
2. אני חושב כמו דליה, אני לא חושב __________ (אַת).
3. דני מנגן היטב בגיטרה. אין בעיר שלנו מי שמנגן טוב __________ .
4. כשהייתי בחנות ראיתי כובע בדיוק ________ של המורה שלנו.
5. הצלחתי כי עבדתי קשה. אם תעבדו ________ גם אתם תצליחו.
6. השכנים שלי תמיד עוזרים לי. חבל שאין הרבה אנשים ___________ .
7. שתיכן הייתן נחמדות אלי ; הלוואי שכל הבחורות יהיו ___________ .
8. לחבר שלי יש מכונית קטנה ________ שלי.
9. במשפחה שלי אוהבים את החברים שלי _________ את בני המשפחה.
10. הילדים של דני נראים בדיוק _________ (הוא).

なお、この前置詞のほかに “כְּמוֹת” が使われることもある。意味はまったく同じで、「〜のように」である。

כְּמוֹתִי כְּמוֹתְךָ כְּמוֹתֵךְ כְּמוֹתוֹ כְּמוֹתָהּ　כְּמוֹתֵנוּ כְּמוֹתְכֶם/ן כְּמוֹתָם/ן

⑥　前置詞 **בִּלְעֲדֵי** の変化形

この前置詞は אַחֲרֵי、לִפְנֵי と同じパターンで変化する。

בִּלְעָדַי בִּלְעָדֶיךָ בִּלְעָדַיִךְ בִּלְעָדָיו בִּלְעָדֶיהָ
בִּלְעָדֵינוּ בִּלְעֲדֵיכֶם / כֶן בִּלְעֲדֵיהֶם / הֶן

前置詞 **מפני**、**אחרי**、**לפני**、**בלעדי** を正しい人称変化形にして文中に入れよ。

1. אבא שלי עלה לישראל לפני ההורים שלו. הוא עלה __________ .
2. אמא שלי עלתה לארץ בלי משפחתה. היא עלתה __________ .
3. המורה ירד מן הבמה ו __________ (אחרי) עלה התלמיד להרצות.
4. אנו מקווים שתבואו למסיבה __________ (אחרי, אנחנו).
5. הילד ברח מן הכלב. הוא ברח __________ (מפני).
6. מפקד בצה"ל שיוצא לקרב (=מלחמה) קורא "__________" (אחרי).
7. יצאתי מהבית והרגשתי ששכחתי את משקפי השמש. איך יכולתי לצאת בשמש כזאת __________ .
8. אתם תצאו מירושלים בשעה עשר בבוקר ואנחנו נצא __________ .
9. האישה הגישה את האוכל לשולחן ושמה את הסלט __________ (לפני, אני).
10. נורית אמרה לחברתה הטובה : "לא אוכל ללכת __________ (בלעדי, אַתְּ) לבקר את יוסי בבית החולים, בואי איתי בבקשה..." .

⑦ **יֵשׁ** / **אֵין** の変化形

これらは「〜がある（**יֵשׁ**）」、「〜がない（**אֵין**）」を意味し、人称によって変化する。

- יֶשְׁנוֹ（それがある・彼がいる）　　**- אֵינֶנּוֹ**（それがない・彼がいない）

人称変化形は以下の通りである。

יֶשְׁנִי	**אֵינֶנִּי (אֵינִי)**
יֶשְׁךָ	**אֵינְךָ**
יֶשְׁנֵךְ	**אֵינֵךְ**
יֶשְׁנוֹ	**אֵינֶנּוֹ (אֵינוֹ)**
יֶשְׁנָהּ	**אֵינֶנָּה (אֵינָהּ)**
יֶשְׁנֵנּוּ	**אֵינֶנּוּ**
יֶשְׁכֶם (כֶן)	**אֵינְכֶם (כֶן)**
יֶשְׁנָם (ן)	**אֵינָם , (ן)**

אֵין の変化形は **יֵשׁ** の変化形よりもよく使われるが、ともに現在形での用法となる。

次の文章を完成させよ。

1. מצאתי את הילדים בגן, אבל עכשיו הם _________ (אין) שם.
2. _________ (אני, לא) שותה קפה. אני אוהב מיץ.
3. בחדר הקטן _________ (יש) עציץ גדול עם הרבה פרחים.
4. הישראלים _________ (אין) אוהבים לשמוע ביקורת עליהם.
5. אתה _________ (אין) אוהב לטייל בחו"ל ? אני _________ יכול להישאר בארץ יותר מחצי שנה.
6. אצל חברתי _________ (יש) שלושה כלבים ושני חתולים. היא אוהבת בעלי חיים.

⑧　**שֶׁל** の変化形

שֶׁל（〜の、〜に属す）の変化形

שֶׁל は他の前置詞とは異なり、動詞と目的語を結びつける役割はない。だが、関係する名詞の意味を補完するので、前置詞に類するはたらきをしているといえる。

(אני)	**שֶׁלִּי**	**(אנחנו)**	**שֶׁלָּנוּ**
(אתה)	**שֶׁלְּךָ**	**(אתם)**	**שֶׁלָּכֶם**
(את)	**שֶׁלָּךְ**	**(אתן)**	**שֶׁלָּכֶן**
(הוא)	**שֶׁלּוֹ**	**(הם)**	**שֶׁלָּהֶם**
(היא)	**שֶׁלָּהּ**	**(הן)**	**שֶׁלָּהֶן**

次の文章を完成させよ。

1. הנעליים ＿＿＿＿ (אני) חדשות.
2. הם מחזירים לנו את הספרים, כי הספרים ＿＿＿＿ (אנחנו).
3. "דני, התיק הכחול ＿＿＿＿ (אתה)?"
4. "לא, התיק הכחול לא ＿＿＿＿ (אני), הוא של דינה. התיק הכחול ＿＿＿＿ (היא)."
5. "הספרים על השולחן בספריה ＿＿＿＿ (אתם)? בבקשה לסדר אותם".
6. "רותי, אמא ＿＿＿＿ (את) מחפשת אותך בטלפון".
7. הילדים של דני בגינה. הילדים ＿＿＿＿ (הוא) נחמדים.
8. "דינה ורינה, איפה הדירה ＿＿＿＿ (אתן)?"
9. הדירה ＿＿＿＿ (הן) ברחוב אגרון בירושלים.
10. אורי ודני נולדו בישראל, אבל ההורים ＿＿＿＿ (הם) נולדו באירופה.

⑨　前置詞の選択 1

次の文章に、前置詞 **ב**、**ל**、**עם**、**את**、**על-יד** を正しい人称変化形にして入れよ。

1. כל בוקר דינה פוגשת <u>את</u> החברים שלה בתחנת האוטובוס. היא פוגשת ＿＿＿＿ בשעה שמונה וחצי.
2. היא רוצה לספר <u>ל</u>ילדים שלה על הספר החדש. היא סיפרה ＿＿＿＿ מי כתב את הספר.
3. יש <u>ב</u>ירושלים הרים וחומות ודרכים, אבל אין ＿＿＿＿ ים או נהר.
4. התייר שילם <u>ל</u>קופאית. הוא שילם ＿＿＿＿ בשקלים.
5. הסטודנט רוצה לבדוק <u>את</u> המחירים. הוא בודק ＿＿＿＿ כי אין לו מספיק כסף.
6. כל יום אבא נותן <u>ל</u>דני שלושה שקלים לאוטובוס. היום הוא נתן ＿＿＿＿ חמישה שקלים.

7. האנשים מדברים עם אישתו של הנשיא. האנשים שמדברים ________ (היא) הם חברי כנסת.
8. "דני ! אני מכיר את החברה שלךָ ! אבל היא לא מכירה ________ !"
9. הוא נוסע עם רותי ודני מחר בבוקר. הוא נוסע ________ לחֵיפה.
10. אנחנו גרים על-יד אורי ודינה. אנחנו גרים ________ שלוש שנים.
11. אני קורא בספר התורה כל יום. אני קורא ________ לפני שאני ישן.
12. "רותי, דני לא אוהב את אמא שלך, הוא אוהב ________ !"
13. אני אוהב לשבת על-יד אורי בשיעור עברית. אני אוהב לשבת ________ כי הוא מסביר לי מילים שאיני מבין.
14. לפני שבועיים ביקרנו בבית הספר שלכם. ביקרנו ________ כדי לשמוע הרצאה של המשורר המפורסם.
15. היום אני גר עם שאול בירושלים. אני גר ________ כמעט חודשיים.

⑩　前置詞の選択２

前置詞 **על**、**אל**、**ל**、**מן**、**ב**、**עם**、**את** を正しい人称変化形にして文中に埋めよ。

1. דני אוהב להשתמש ________ תיק השחור כי הוא גדול.
2. החברים שלך השתתפו אתמול ________ מסיבה בביתי.
3. בשבוע הבא אנחנו נבקר ________ מוזיאון ישראל.
4. "אני רוצה להתחתן ________" - אמר הבחור לבחורה.
5. "אני אפגוש ________ מחר" - אמרתי לדני בטלפון.
6. הם ראו אותנו ברחוב, אבל אנחנו לא הִכַּרְנו ________ .
7. לא הֵבַנתי את המילה גם אחרי שמצאתי ________ במילון.
8. אמא ביקשה ________ (אני) לפתוח ________ כל החלונות בבית.
9. הם נסעו לטייל ________ ירושלים ו ________ רומא.
10. האישה פנתה ________ הנהג ושאלה ________ איפה בית הנשיא.
11. הוא שׂם ________ המישקפיים על הכיסא, ואחר כך ישב ________ .
12. "אמא, איפה שׂמְת ________ הספרים שלי ?"
13. אמא של רותי כעסה ________ החברות של רותי כי הן עשו רעש.

14. הרבה אנשים פוחדים _______ מלחמה עולמית.
15. רציתי לקחת ________ הספריה שלושה ספרים, אבל הספרנית נתנה ________ רק שניים.

⑪ 前置詞の選択 3

前置詞 **ב**、**ל**、**מ**、**את**、**בין לבין** を文中に入れよ。

1. רוני השאיר _________ הילדים שלו בגן השעשועים ביחד איתי.
2. האחות שלי לא דוֹמָה ________ כי אני דומה ________ אבא שלי.
3. הסופרמרקט רחוק ________ תחנת האוטובוס, אבל קרוב מאוד ________ בית שלנו.
4. חג הפסח שונה _________ חג השבועות, כי בפסח אוכלים רק מצות ובשבועות אוכלים רק דברי חלב.
5. יהודים רבים עזבו ______ אתיופיה ועברו ______ ישראל.
6. ידיעות על כלכלה ופוליטיקה מתפרסמות _______ עיתון.
7. הילדים הפריעו ________ טוביה ללמוד. אני אוהבת ילדים, ולכן הם בדרך כלל לא מפריעים ________ .
8. אין קשר _________ עולים חדשים מרוסיה ________ עולים חדשים מאתיופיה.
9. יש הבדל גדול ________ אוכל ישראלי _________ אוכל יפני.
10. בכל בוקר האוטובוס מגיע _________ תחנה שעל יד ביתי בשעה 8 בדיוק.

⑫ 前置詞の選択 4

前置詞 **עם**、**מ**、**על**、**ל**、**את** を用いて文章を完成させよ。

1. כל החברים של רותי רוצים לפגוש ________ באותה השעה.
2. המורה רצתה להתחיל ________ השיעור , אבל לא כל התלמידים נכנסו _______ כיתה.
3. לא יכולתי לחכות ________ דני ליד תחנת האוטובוס, לכן חיכיתי ________

ליד הקולנוע.

4. כשדיברתי ______ רותי בטלפון היא לא שמעה ______ היטב.

5. הבחור אמר ______ שהוא עובד עכשיו ______ מיסעדה נחמדה.

6. הם אוהבים לחשוב ______ החופשה שלהם בקיץ, כי הם אוהבים את הים.

7. "רותי, למה לא ניקיתְ ______ המיטבח אחרי ארוחת הבוקר?"

8. שילמנו ______ נהג הטֶכְּסִי ______ הנסיעה לתל אביב.

9. ביקשתי ______ החבר של רותי לבוא ______ (אני) מחר בבוקר.

10. הִשארנו ______ התיקים בחוץ והִמשכנו ______ המישחק.

11. התלמידים ביקשו ______ המורה להסביר ______ (הם) שוב את המישפט.

12. המישפחה של דינה מניו-יורק תבוא לבקר ______ (היא) בפֶּסַח.

⑬　前置詞の選択5

次の文章は、前置詞部分が空欄となっている短い物語である。文章を理解した上で、空欄を適切な前置詞で埋めよ。

בוקר אחד התעוררה סילביה ______ מיטתה, ומיד היא הסתכלה ______ שעון שעומד ______ השולחן הקטן. השעה היתה כבר 7.30. "אוי" - אמרה סילביה - "אני מאחרת ______ פגישה של הקבוצה! אני צריכה למהר!" היא קמה ______ המיטה, ורצה ______ מיקלחת. התרחצה הסתרקה, ומהר לבשה בגד-ים. במהירות היא יצאה ______ הדירה שלה.

כשירדה ______ מדרגות השבה: "היום אנחנו משתתפים ______ תחרות חֲתִירָה בסירות, שתקבע אם אנחנו משתתפים בתחרות של האוניברסיטאות בארה"ב, ודווקא היום אני מאחרת לקום...". היא יצאה ______ הבניין, ובחוץ היה חם מאוד. שמש חזקה עמדה ______ שמים. השמש פגעה ______ ראשה של סילביה שלא חָבְשָׁה כובע.

לפתע היא נזכרה: "אני ______ ישראל! מה פתאום חשבתי ______ פגישה של הקבוצה ______ נהר? ______ ירושלים אין נהר! - כמה חבל!"

סילביה הסתכלה מסביב וראתה ______ תחנת האוטובוס ש ______ בֵּיתָהּ. היא התקרבה ______ תחנה, וחיכתה ______ אוטובוס. ירושלים נראֲתָה כל-כך שונה

_____ העיר ש_____ גרה סילביה. כל כך חם בירושלים, ואי אפשר לרדת _____ נהר ולרחוץ בו, בוודאי חלמה כי היה לה חם הלילה...

⑭ 前置詞の選択 6

次の文章は、前置詞部分が空欄となっている短い物語である。文章を理解し、前置詞 **את**、**את ה**、**מ**、**מן**、**ב**、**עם**、**על**、**אצל**、**ל** を用いて下線部を埋めよ。

שלומית ואורי חברים טובים. הם אוהבים לנסוע ביחד _______ תל-אביב. בשבוע שעבר _____ יום שני, הם לבשו _____ הבגדים שלהם בבוקר, ויצאו _____ הבית של שלומית מוקדם _____ בוקר. קודם הם שאלו _____ אבא של אורי ו_____ אמא של שלומית אם הם יכולים לנסוע. ההורים של הילדים היו בעד הנסיעה. הם חושבים שהילדים צריכים להיות עצמאיים ולדעת ללכת _____ כל מקום לבד, בלי ההורים.

בערב, לפני הנסיעה, בדקו שלומית ואורי _____ _____ תיקים שלהם, ושָׂמו _____ מגבות וכובעים. הם שמעו _____ החדשות _____ רדיו והלכו לישון.

_____ בוקר הם קמו _____ המיטות שלהם, ובדקו שוב _____ התיקים, ושמו בתוכם גם סנדוויצ'ים. כל אחד _____ הילדים כתב _____ התיק שלו את שמו, כדי לא להתבלבל. בשעה שבע וחצי הם היו בתחנה המרכזית. שם פגשה שלומית ___ רותי החברה שלה. "רותי!" - קראה שלומית _____ חברה שלה.

"שלום, מה שלומך?" - שאלה רותי. שלומית דיברה _____ רותי, ואמרה _____ שהיא נוסעת ביחד _____ אורי לתל-אביב _____ חוף הים כדי להשתזף, לשחות ולשחק. "אנחנו חוזרים _____ ירושלים בערב. ואנחנו רוצים להגיע _____ דירה של ההורים של אורי לפני ___ תוכנית החדשה בטלביזיה. כנראה שנשכב _____ החול כל היום, נחזור עייפים הביתה, ונלך לישון _____ אורי" - אמרה שלומית. אורי קרא פתאום _____ שלומית :"שלומית, האוטובוס עוד מעט נוסע - בואי מהר!" ורותי אמרה :"יופי, שיהיה לכם יום יפה, תהנו, להתראות..." "להתראות" ענתה _____ שלומית ורצה _____ האוטובוס.

⑮　前置詞の選択 7

以下の文章では前置詞の多くが削除されている。必要なら本章の例を参照しながら、空欄に前置詞を埋めよ。

בכל בוקר יש לי שיחה _____ השכנה שלי בדלת ממול בקשר _____ כלב שלה. הכלב שלה מתחיל _____ הבוקר _____ ריצה מהירה _____ מדרגות. היות _____ הדלת של השכנה שלי קרובה _____ דלת שלי, אני נבהלת מאוד _____ (הוא). הבוקר התווכחתי _____ השכנה בגלל הכלב. היא חושבת שהכלב לא צריך לגרום _____ (אני) בעיות. הוא רק יוצא _____ הבית, ורץ בשימחה _____ גינה. הוא אוהב לטייל מסביב _____ בית, כדי לגלות _____ הסימנים שהשאירו החברים שלו מהערב הקודם, ולהזכיר _____ כלבים האחרים בשכונה שהבית הזה שלו, כי הוא גר _____ .

איך הוא מזכיר _____ (הם) שהבית שלו? גם הוא משאיר אחריו סימנים. ובדרך כלל סימנים **שאינם** נעימים לי! על כן אני כועסת _____ השכנה שלי. לא מספיק שהכלב הזה עושה רעש מוקדם בבוקר, וגם מפחיד _____ (אני), הוא גם מעורר _____ (אני) הרגשות לא נעימות. הבוקר כשיצאתי _____ חדר-המדרגות וראיתי _____ הליכלוך בכניסה לבית, מאוד כעסתי. אבל כשראיתי את הפנים של השכנה שלי שהיתה צריכה לנקות את הכל, לא ידעתי אם לכעוס _____ (היא) או לצחוק. היא אמרה _____ (אני) שהיא מאוד מצטערת אבל היא לא יכולה לבקש _____ הכלב שלה לא להשאיר סימנים, כי הוא לא מבין _____ (היא). והיא אמרה לי: "הכלב שלי אדיש _____ צעקות שלי. אני מנסה להשפיע _____ (הוא) ללכת לגינה רחוקה יותר אבל הוא לא שומע _____ (אני). הוא מתנהג כמו כל הכלבים _____ שכונה. אני מאוד אוהבת אותו, ואני מקווה שיום אחד אני אצליח לחנך _____ (הוא) שלא להשאיר סימנים בכניסה לבית שלנו". כך אמרה, ואני מקווה שהיא באמת תצליח!!!

⑯　前置詞の選択８

以下のページは語彙の練習問題で、レベルはウルパンとよばれる語学学校のギメル～ダレト（中級以上）に相当する。練習問題は（1）から順に取り組むことをすすめる。

(1)

1. אני גר ____ רחוב המלך ג'ורג' ______ ירושלים.
2. נולדתי ______ עיר היפה ביותר ______ עולם.
3. עניתי ______ חברי ______ שאלתו.
4. הם הבינו זה ______ זה.
5. הוא לא שָׂם לֵב ______ בגדים שלו.
6. אמא שלי עוררה ______ (אני) הבוקר ; התעוררתי ______ מיטתי.
7. השַׂר סירב להכחיש ______ הידיעה שנתפרסמה ______ עיתון.
8. התחלנו ______ השיעור באיחור. בדרך כלל אנחנו מתחילים ______ (הוא) בזמן.
9. התערבות ארצות הברית ______ מלחמת לבנון ב-1982/3 היתה טעות.
10. הִפְנֵינוּ ______ הבקשה ______ משרד החוץ.
11. כתוצאה ______ הפגישה שנערכה ______ שַׂר החוץ הישראלי ______ שַׂר החוץ האמריקני, ישראל תוכל להשתתף בפרוייקט החלל.
12. אינני מדבר ______ חֲנן. אינני מדבר ______ מזה כמה שבועות.
13. נכנסתי ______ מישרד, אך לא הכרתי ______ הפקידה החדשה.
14. הוא מתעניין ______ מחשבים, ולכן הוא קונה תוכנות חדשות.
15. ביום העצמאות עברו הרבה מטוסים מעל ______ בית שלי.
16. הוריו בארץ זקנים, ולכן הוא חושש לחזור השנה ______ ארצות הברית.
17. אנחנו מתנגדים ______ החלטה שהתקבלה השבוע בכנסת.
18. אמא תמיד דואגת ______ ילד שלה, גם אם הוא כבר בן שלושים ויותר.
19. הממשלה אישרה ____ קבלנים לבנות בתים בגובה של יותר מעשר קומות.

(2)

1. המכונית שנסעה ללא נהג גרמה _____ חֲרָדָה רבה בין האנשים ברחוב.
2. בישראל קיימת הפרדה _____ בתי ספר דתיים _______ בתי ספר חילוניים.
3. הספרים האלה שייכים _____ חברי הטוב.
4. האיש שהגיע לישראל ממצרים זקוק _____ טיפול רפואי בבית החולים.
5. אני מבקש ______ שתִּשְׁמְרוּ _____ בֵּיתִי במשך שבועיים.
6. מתי תתחיל לעזור _____ עצמךָ ?
7. הוא מסרב להכיר _____ עובדות. מצבו הכלכלי אינו טוב.
8. הם ביקשו ______ (אני) להצטרף _____תנועה החדשה שהקימו.
9. כשהגענו _____ בית מצאנו חלק ______ הילדים משחקים בגינה.
10. העולים החדשים שבאו _____ ישראל בשנות ה-50 הסתגלו ______ חברה הישראלית מהר מאוד.
11. משפחתו עלתה _____ ישראל _____ רוסיה בשנת 1990.
12. הוא התרגש מאוד כשסיפר לי ______ נסיעתו לאיטליה.
13. הידיעה הופיעה _____ עיתונים הישראליים לאחר _____ שבוע.
14. הישראלים שואֲפִים _____ שלום ולא _____ מילחמה.
15. סוד ההצלחה טָמוּן _____ רצון.

(3)

1. לא הצלחתי לזהות _____ עצמי בָּרְאִי. נראיתי שונה אחרי שבוע בַּיָם.
2. הוא שָׂם _____ מישקפיו _____ השולחן, ולא זכר היכן השאיר ______ .
3. רֹב ____ חברים יצאו מן החדר לפני שעתיים.
4. מכיוון שלא הוזמַנּו, לא השתתפנו _____ מסיבה.
5. מאז הפך חברי _____ איש חשוב, הפסיק לדבר ______ (אני).
6. המנהל ציין _____ הנוער של היום הוא לא הנוער של פעם.
7. אני מתנגד _____ כל מעשה של טירור.
8. העובדים במיפעל הכריזו _____ שביתה משום שלא קיבלו משכורות.

9. אתה יכול להסכים _____ תוכנית או להתנגד _____ .

10. אינני מצליחה לְשַפֵּר _____ האוכל שאני מכינה. אסור ____ להיות טבחית !

11. נֶלְסון גלִיק היה חוקר שעסק _____ ארכיאולוגיה.

12. יש לך בעיות קשות, אך אתה אף פעם לא נִיסִּיתָ להתמודד _______ (הן).

13. הם מנהלים דו-שיח זה _____ זה כבר למעלה משנתיים.

14. המיצרים אינם רוצים להידַבֵר _____ ישראל בנושאי תרבות למרות השלום.

15. ארצות הברית סירבה, בתקופות שונות, להתערב ____ מצב במזרח-התיכון.

16. עליכם לשקול _____ הצעתי, ולתת _____ (אני) תשובה תוך יומיים.

17. המקום הזה נועד _____ חברי הכנסת ולא לכם.

18. אנא מַלְאו ______ הכלים שבחדר _____ מים.

(4)

1. הילדים בימֵינו דורשים _____ הוריהם יותר מאשר ההורים יכולים לתת.

2. ישנו אדם שעומד מול משרד ראש הממשלה, ותמיד הוא מפגין ______ או _______ פעולות הממשלה.

3. ארה"ב מסרבת לסייע _____ ישראל, בגלל המצב הכלכלי שם.

4. הכנס חל _____ שבוע שעבר והוא התקיים באוניברסיטה העברית.

5. כל תגובה ______ התוכנית תתקבל בברכה ____ _____ הוועדה.

6. הם הציעו _____ מיפלגה _____ עזרתם לפני הבחירות.

7. חשבתי ______ (אתה) כל היום, כי דאגתי _____ מאוד.

8. הוא אינו רוצה לגעת _____ נושא זה בהרצאתו. _____ הרצאה ישתתפו אישים בכירים בממשלה.

9. הוא עסוק מאוד _____ עבודתו, ועל-כן הוא מעסיק ______ רונית בניקיון דירתו במשך השבוע.

10. אחותו מצפה ______ לֵידָה. היא רוצה ללדת את התינוק בישראל.

11. מאחורי _____ שולחן תמצא את הספרים שאתה מחפש.

12. לפני _____ תיכנס למישרד המנהל, בְּדוק שלא שכחת _____ הניירות.

13. לא כדאי להתווכח _____ האיש הזה. הוא אינו מבין ______ (אנחנו).

14. הֵשַׁבְתִּי _____ הספר לִמְקומו בספריה, ושָׁבְתִּי ______ מְקומִי.
15. העיתון דיווח _____ התקדמות השיחות _____ הישראלים _____ סורים.

(5)

1. כל התמודדות ______ בעיות דורשת סבלנות.
2. מתי תתקשר ______ (היא) שנית? אני כל כך מתגעגעת ______ .
3. אדם עָני שהופך לפתע _____ עשיר, בדרך כלל רוכש ______ הרבה חפצים.
4. מתי תאשרו ______ החוזה שלי? אינני מָצוי _____ תהליך כתיבת חוזה.
5. כל עוד לא ירשתָ ______ ירושַת-אָבִיךָ, לא נוכל להעריך _____ רכושךָ.
6. כל אדם שאתה תצביע ______ מִבֵּין האנשים, הוא יהיה החשוד בגניבה.
7. לאחרונה יש יותר מידי תלונות ______ האוכל בקפיטריה.
8. לא הצלחתי להעיר ______ (אַת) הבוקר. ישנת חזק מאוד.
9. הבית ש ______ (הוא) נכנסו השוטרים היה בתחילת הרחוב.
10. דאגה רבה _____ ילדים, גורמת להם לעיתים _____ בעיה נפשית.
11. בעקבות _____ מירוץ האופניים האחרון באוניברסיטה, החלטתי להשתתף ______ מירוץ הבא.
12. כתוצאה ______ היחס הרע שקיבלו במקום עבודתן, החליטו הנשים להפגין.
13. התאכזבנו ______ (הוא) לאחר שהוא סירב להתייחס _____ מיכתבנו.
14. החזרנו ______ הספרים _____ סיפריה באיחור.
15. יש לכם הזכות להסכים _____ תוכניתנו או לא להסכים ______ .
16. הוא נכנס לבית הסוהר לפני שנה, וישתחרר ______ (הוא) בעוד שבועיים.
17. הדירה נמכרה לאחר שהוּצְאו ______ (היא) כל הרהיטים שלנו.

(6)

1. כל ממשלה לפני בחירות מבטיחה ______ אזרחים הקלות במיסים, שיפור בכבישים, ועוד דברים יפים אחרים.
2. התפקיד החדש מתאים מאוד _____ דני; זהו תפקיד בכיר ודני יצליח _____ .

3. דיברנו ____ מנהל המכון, אבל לא הֵבַנּוּ ______ החלטתו.
4. למרות שהוא סירב להתפשר _______ (אני), הצלחתי להגיע לפשרה ________ (הוא).
5. הוא מקווה שרותי לא תעזוב ______ (הוא) כי הוא מאוד זקוק ______ .
6. הצטרפתי _______ (הם), והשתמשתי ______ כלים שלהם.
7. כל הטיולים שהשתתפתי ______ היו מעניינים.
8. ההורים של דני השלימו ______ בניית ביתם בירושלים.
9. רונית התגעגעה מאוד ____ חבר שלה, ששהה למעלה מחודשיים ______ הודו.
10. כאשר המורה אינו משתמש ______ בדיחות בזמן השיעור, התלמידים משתעממים.
11. לא יכולתי למצוא את הבית בהתאם ______ הוראות שנמסרו לי בטלפון.
12. קל מאוד להצביע ______ הגורמים שהביאו _____ מצב הכלכלי הקשה.
13. הישיבה נדחתה _____ יום רביעי _____ יום שישי.
14. עלינו להודיע _____ משתתפים ______ דחיית הישיבה.
15. לא אוכל להסכים ______ החלטה שנתקבלה אתמול בישיבה.
16. קשה ____ (אנחנו) ללמוד את המילים החדשות. אנו כותבים ______ במחברת, והוזרים _______ בבית, ותמיד שוכחים אותן.

(7)

1. מתי תוכלי לבקר ______ (אני)? את אף פעם לא מפריעה ______ .
2. היא מסרבת לשוחח ______ (אתה) לאחר שפגעתָ ______ קשות.
3. אם יבקשו ______ (את) לא להיכנס לחדר, אל תכנסי!
4. בכל פעם שיש לי מגעים _______ ישראלים אינטלקטואלים אני נהנה מהשיחה.
5. הקשרים של הישראלים ______ הפלשתינאים זקוקים ______ שיפור.
6. כל מי שיפנה _____ מרכז הסיוע יקבל עזרה.
7. הסיפור אשר פורסם ________ (הוא) בעיתון לא הוכחש.
8. על הצעירים לדאוג לטפל _____ זקנים.

9. רוני נועד _____ תפקיד בכיר בממשלה.
10. רותי חכמה יותר _____ דינה, אבל דינה נחמדה _______ (היא).
11. לא הכנסתי _____ הכלב _____ דירתי אמש, כי לא רציתי שילכלך אותה.
12. אנו נְאַבְטֵחַ _____ הקבוצות הישראליות שטסות _____ מזרח הרחוק.
13. אני חושב שאתם תצליחו להתגבר _____ כל הקשיים שיהיו _____ (אתם).
14. ראש הממשלה אינו מסכים _______ דעותיו של שַׂר החוץ.
15. אני לא יכולתי להזדהות _____ (היא), למרות שהבנתי _____ הסיפור שלה.
16. כל הילדים בעולם זקוקים _____ אהבה ו_____ חום.
17. רונית לא מדברת _____ (אני) כי אני פגעתי _____ (היא).
18. האיש צעק _____ הילדים שהיו בגינה, כי הם הפריעו _____ (הוא) ללמוד.
19. קראנו _____ (הם) אך הם לא שמעו _____ (אנחנו) ולא ענו _______ .
20. בכל שבוע אבא שלה משתתף _____ שיעור שלי. אחרי השיעור הוא תמיד שואל _______ (אני) שאלות _______ (היא).

(8)

1. הודענו _____ (אתם) על הפגישה, אולם אתם לא הגעתם _______ (היא).
2. הוצאנו _____ הספרים _____ התיק ושַׂמְנו _____ (הם) על השולחן.
3. נלסון גליק היה ארכיאולוג, והוא לקח חלק _____ חפירות ארכיאולוגיות בארץ.
4. אני מסכימה _____ (אתן) שכדאי לנו להתכונן _____ בחינה ביחד.
5. שלומית לא ענתה _____ (אני) _____ המיכתב האחרון ששלחתי _______ (היא).
6. אנחנו לא משתמשים מספיק _____ שפה העברית בשיעור.
7. הִשארנו אור בבניין כי היינו צריכים לשמור _______ (הוא).
8. שימעון סיפר _____ פרופסור _____ האוניברסיטה _______ (אתה).
9. למה אתה תמיד מעביר ביקורת קשה _____ חברֶיךָ? אתה לא אוהב _______?

10. אני טוען _____ אתה צריך להשתנות.
11. דני דוֹמֶה _____ אחותו כי הם תְאוֹמִים.
12. מה גרם _____ (אתה) לקום ולעזוב _____ הפגישה באמצע?
13. הוא אוכל מעט מאוד _______ (לעומת+אני), מאחר שהוא מוותר ______ עוגות.
14. לא כדאי להילחם _____ חוקים חברתיים, כי זה כמו להילחם ______ טַחֲנוֹת-רוּחַ.
15. אני אחראית ______ סידור הפרחים לקראת המסיבה. אבל, אני צריכה שתעזרו _______ (אני) להביא _____ הפרחים לאולם.
16. העיתונים הֵגִיבוּ _____ הידיעות בקשר _____ הסכם _____ ארה"ב _____ רוסיה.

(9)

1. תדרשו _____ (הוא) לְאַשֵׁר ____ ההסכם, משום שהוא מומחה ______ נושא הזה.
2. דן עמד קרוב _______ רינה, אבל התקרב _______ (היא) יותר כדי לשמוע אותה.
3. לא כל יום פוגשים _______ ישראלים בקיוטו.
4. לא קיבלתי ______ המחברת ______ החברה שלי, ולכן לא הספקתי ללמוד ________ המילים החדשות.
5. השכן של דינה אוהב לשוחח _____ (היא) כל בוקר במדרגות, ו ________ (בגלל+הוא) היא מאחרת לשיעור.
6. קר _____ (אנחנו) מאוד, משום שההסקה המרכזית ______ בניין לא פוֹעֶלֶת.
7. הם ביקשו ________ (אנחנו) לשוחח ______ השכנים החדשים, אבל אנחנו עדיין לא מכירים _______ (הם).
8. חוץ _____ דני ודינה לא הגיע אף אחד _______ מסיבה שלי. מה קרה?
9. אל תזרקו _______ הבגדים הישנים שלכם. תנו _______ לאנשים שאין להם.

10. אתמול צילצלתי ________ אבל אתה לא היית בבית.
11. אסור להסתכל ______ שמש בלי מישקפיים, משום _____ הדבר מְסוּכָּן לעיניים.
12. הטורקים כבשו ______ ארץ ישראל, אבל לא הרסו ______ ירושלים.
13. פניתי ______ האיש שעמד ______ ________ תחנת האוטובוס ושאלתי ______ איך מגיעים לשוק.
14. ביקשנו ______ העובדים לצאת ______ החדר כדי לנקות ________ .
15. ביום ראשון שילמתי _______ הנסיעה לתל אביב יותר ______ שילמתי לפני שבועיים. המחירים בתחבורה הציבורית עלו.
16. החברים של רונית ביקרו _______ כשהיא היתה ______ בית החולים.
17. הרבה סטודנטים מתאהבים זה _____ זה, אבל מעט מהם מתחתנים זה_____ זה.
18. הרבה ישראלים עדיין מסרבים להכיר _______ לאום הפלסטיני.

2. 適切な前置詞選択例

① 168頁

1. אוֹתָךְ 2. אִיתּוֹ 3. אוֹתָם 4. אִיתָּנוּ 5. אוֹתָהּ 6. אִיתִּי / אוֹתוֹ 7. אֶת 8. אִיתָּן

② 169頁

בּוֹ / אוֹתוֹ / אֶת / עִם / אִיתִּי / אִיתּוֹ / - / אֶת / אִיתָּנוּ / אִיתּוֹ / אֶת / אִיתָּם / אִיתָּם / אֶת / אֶת / עִם/ אִיתָּם / אִיתָּנוּ

③ 170頁

1. עָלָיו 2. אֵלֶיךָ 3. עַל 4. אֵלֶיהָ 5. עֲלֵיהֶם 6. אֲלֵיהֶם 7. אֵלָיו 8. עַל / עַל 9. עַל 10. אֵלַי

④ 170頁

1. עָלַי 2. עָלָיו 3. עָלַיִךְ / עָלַי 4. עָלֵינוּ 5. עֲלֵיכֶם

⑤ 171 頁

1. כָּמוֹהָ 2. כָּמוֹךְ 3. כָּמוֹהוּ 4. כְּמוֹ 5. כָּמוֹנִי 6. כְּמוֹהֶם 7. כְּמוֹכֶן 8. כְּמוֹ
9. כְּמוֹ 10. כָּמוֹהוּ

⑥ 171 頁

1. לִפְנֵיהֶם 2. בִּלְעֲדֵיהֶם 3. אַחֲרָיו 4. אַחֲרֵינוּ 5. מִפָּנָיו 6. אַחֲרַי 7. בִּלְעֲדֵיהֶם
8. אַחֲרֵיכֶם 9. לְפָנַי 10. בִּלְעָדַיִךְ

⑦ 172 頁

1. אֵינָם 2. אֵינִי 3. יֶשְׁנוֹ 4. אֵינָם 5. אֵינְךָ / אֵינִי 6. יֶשְׁנָם

⑧ 173 頁

1. שֶׁלִּי 2. שֶׁלָּנוּ 3. שֶׁלְּךָ 4. שֶׁלִּי, שֶׁלָּהּ 5. שֶׁלָּכֶם 6. שֶׁלָּךְ 7.שֶׁלּוֹ 8. שֶׁלָּכֶן
9. שֶׁלָּהֶן 10. שֶׁלָּהֶם

⑨ 174 頁

1. אוֹתָם 2. לָהֶם 3. בָּהּ 4. לָהּ 5. אוֹתָם 6. לוֹ 7. אִיתָּהּ 8. אוֹתִי 9. אִיתָּם
10. עַל יָדָם 11. בּוֹ 12. אוֹתָךְ 13. עַל יָדוֹ 14. בּוֹ 15. אִיתּוֹ

⑩ 175 頁

1. בַּ 2. בַּ 3. בְּ 4. אִיתָּךְ 5. אוֹתְךָ 6. אוֹתָם 7. אוֹתָהּ 8. מִמֶּנִּי / אֶת
9. בִּ / בְּ 10. אֶל / אוֹתוֹ 11. אֶת / עֲלֵיהֶם 12. אֶת 13. עַל 14. מִ 15. מֵ / לִי

⑪ 176 頁

1. אֶת 2. לִי / לְ 3. מִ / לַ 4. מִ 5. אֶת / לְ 6. בַּ 7. לְ / לִי 8. בֵּין / לְבֵין
9. בֵּין / לְ 10. לַ

⑫ 176 頁

1. אוֹתָהּ 2. אֶת / לַ 3. לְ / לוֹ 4. עִם / אוֹתִי 5. לִי / בְּ 6. עַל 7. אֶת 8. לְ /
עַל 9. מֵ / אֵלַי 10. אֶת / אֶת 11. מֵ / לָהֶם 12. אוֹתָהּ

第6章　文中での前置詞の選択と適用

⑬　177 頁

בְּ / בַּ / עַל / לַ / מֵ / לַ / מֵ / בַּ / בְּ / מֵ / בַּ / בְּ / בְּ / עַל / בַּ / בִּ / אֶת / עַל-יָד / לַ /
לַ / מֵ / בָּהּ / לַ

⑭　178 頁

לְ / בְּ / אֶת / מֵ / בַּ / אֶת / אֶת / לְ / אֶת הַ / בָּהֶם / אֶת / בַּ / בַּ / מֵ / אֶת / מֵ / עַל /
אֶת / לַ / עִם / לָהּ / עִם / לְ / לִ / לַ / הַ / עַל / אֵצֶל / לִ / לָהּ / אֶל

⑮　179 頁

עִם / לַ / מֵ / בְּ / בַּ / שֶׁ / לַ / מִמֶּנּוּ / עִם / לִי / מֵ / לַ / לַ / אֶת / לְ / בּוֹ / לָהֶם / עַל /
אוֹתִי / בִּי / מִ / אֶת / עָלֶיהָ / לִי / מֵ / אוֹתָהּ / לַ / עָלָיו / לִי / בַּ / אוֹתוֹ

⑯

(1)　180 頁

1. בִּ / בִּ　2. בָּ / בַּ　3. לְ / עַל　4. אֶת　5. לַ　6. אוֹתִי / בְּ　7. אֶת / בַּ　8. אֶת /
אוֹתוֹ　9. בְּ　10. אֶת / לְ　11. מֵ / בֵּין / לְבֵין　12. עִם / אִיתּוֹ　13. לַ / אֶת　14. בְּ
15. לַ　16. לְ　17. לַ　18. לַ　19. לַ

(2)　181 頁

1. לַ　2. בֵּין / לְבֵין　3. לְ　4. לְ　5. מִכֶּם / עַל　6. לְ　7. בַּ　8. מִמֶּנִּי / לַ　9. לַ /
מֵ　10. לְ / לַ　11. לְ / מֵ　12. עַל　13. בַּ / כְּ　14. לְ / לְ　15. בָּ

(3)　181 頁

1. אֶת　2. אֶת / עַל / אוֹתָם　3. הַ　4. בַּ　5. לְ / אִיתִּי　6. שֶׁ　7. לְ　8. עַל
9. לַ / לָהּ　10. אֶת /לִי　11. בְּ　12. אִיתָּן　13. עִם　14. עִם　15. בַּ
16. אֶת / לִי　17. לְ　18. אֶת / בְּ

(4)　182 頁

1. מֵ　2. נֶגְדּוֹ / נֶגֶד　3. לְ　4. בַּ　5. עַל / עַל-יְדֵי　6. לַ / אֶת　7. עָלֶיךָ / לְךָ

8. בְּ / בָּ 9. בְּ / אֶת 10. לַ 11. הַ 12. שֶׁ / אֶת 13. עִם / אוֹתָנוּ 14. אֶת / לְ
15. עַל / בֵּין / לַ

183 頁 (5)

1. עִם 2. אֲלֵיהֶ / אֵלֶיהָ 3. לְ / - 4. אֶת / בְּ 5. אֶת / אֶת 6. עָלָיו 7. עַל
8. אוֹתְךָ 9. אֵלָיו 10. לַ / לְ 11. - / בַּ 12. מֵ 13. מִמֶּנּוּ / לְ 14. אֶת / לַ
15. לְ / לָהּ 16. מִמֶּנּוֹ 17. מִמֶּנָּה

183 頁 (6)

1. לַ 2. לְ / בּוֹ 3. עִם / אֶת 4. אִיתִּי / אִיתּוֹ 5. אוֹתוֹ / לָהּ 6. אֲלֵיהֶם / בַּ
7. בָּהֶם 8. אֶת 9. לַ / בְּ 10. בּ 11. לַ 12. עַל / לַ 13. מִ / לְ 14. לַ / עַל
15. לַ 16. לָנוּ / אוֹתָן / עֲלֵיהֶן

184 頁 (7)

1. אוֹתִי / לִי 2. אִיתְּךָ / בָּהּ 3. מִמֶּךָּ 4. עִם 5. עִם / לְ 6. לְ 7. עָלָיו 8. בַּ 9. לְ
10. מִ / מִמֶּנָּה 11. אֶת / לְ 12. אֶת / לַ 13. עַל / לָכֶם 14. לְ 15. אִיתָּהּ / אֶת
16. לְ / לְ 17. אִיתִּי / בָּהּ 18. עַל / לוֹ 19. לָהֶם / אוֹתָנוּ / לָנוּ 20. בַּ / אוֹתִי / עָלֶיהָ

185 頁 (8)

1. לָכֶם / אֵלֶיהָ 2. אֶת / מֵ / אוֹתָם 3. בַּ 4. אִיתְּכֶן / לַ 5. לִי / עַל / לָהּ 6. בַּ
7. עָלָיו 8. לַ / מִן / עָלֶיךָ 9. עַל / אוֹתָם 10. שֶׁ 11. לְ 12. לְךָ / אֶת
13. לְעוּמָתִי / עַל 14. בְּ / בְּ 15. עַל / לִי / אֶת 16. עַל / לַ / בֵּין / לְ

186 頁 (9)

1. מִמֶּנּוֹ / אֶת / בַּ 2. לְ / אֵלֶיהָ 3. - 4. אֶת / מֵ / אֶת 5. אִיתָּה / בִּגְלָלוֹ
6. לָנוּ / בַּ 7. מֵאִיתָּנוּ / עִם / אוֹתָם 8. מִ / לַ 9. אֶת / אוֹתָם 10. אֵלֶיךָ
11. בַּ / שֶׁ 12. אֶת / אֶת 13. אֶל / עַל יָד / אוֹתוֹ 14. מֵ / מֵ / אוֹתוֹ 15. עַל / מִשֶּׁ
16. אוֹתָה / בְּ 17. בַּ / עִם 18. בַּ

参考文献・研究の手引き

辞書・辞典　Dictionaries

キリスト聖書塾編集部 編『現代ヘブライ語辞典』〔改版〕日本ヘブライ文化協会、2003

名尾耕作『旧約聖書ヘブル語大辞典』〔改訂3版〕教文館、2003

ミルトス・ヘブライ文化研究所 編『現代日本語・ヘブライ語辞典』ミルトス、2013

ミルトス・ヘブライ文化研究所 編『日本語－ヘブライ語小辞典』ミルトス、1993

文法書および関連書籍　Books

飯田篤 編著『ヘブライ語－日本語単語集：小文法付き』国際語学社、2005

池田潤『ヘブライ語のすすめ』ミルトス、1999

池田潤『ヘブライ語文法ハンドブック』白水社、2011

片山徹『旧約聖書ヘブライ語入門』キリスト教図書出版社、1972

勝又悦子・勝又直也『生きるユダヤ教－カタチにならないものの強さ』教文館、2016

キリスト聖書塾編集部『ヘブライ語入門』キリスト聖書塾、1985

栗谷川福子『ヘブライ語の基礎』大学書林、1998

小脇光男『聖書ヘブライ語文法』青山社、2001

左近義慈 編著『ヒブル語入門』教文館、1966

佐藤淳一『はじめてのヘブライ語』ミルトス、1993

谷川政美『旧約聖書ヘブライ語独習：聖書アラム語文法付』キリスト新聞社、2002

ミルトス編集部 編『ヘブライ語会話ハンドブック』ミルトス、1994

山田恵子『CD エクスプレス 現代ヘブライ語』白水社、2005
山田恵子『ニューエクスプレス 古典ヘブライ語』白水社、2012
山田恵子『ニューエクスプレス 現代ヘブライ語』白水社、2013
山森みか『ヘブライ語のかたち』白水社、2004
アダ・タガー・コヘン『現代ヘブライ語テキスト』同志社大学、2010-
デボラ・オメル　母袋夏生訳『ベン・イェフダ家に生まれて』福武書店、1991
ロバート・セントジョン　島野信宏訳『ヘブライ語の父ベン・イェフダー』ミルトス、2000

学術論文　Articles

阿部望「1889 年のパレスチナにおけるヘブライ語状況」『マテシス・ウニウェルサリス』第 13 巻第 2 号、獨協大学国際教養学部言語文化学科、2012、49-63 頁

阿部望「ラビ・ヘブライ語研究の方法と問題点」『ユダヤ・イスラエル研究』第 26 巻、日本ユダヤ学会、2012、1-23 頁

飯田健一郎「ヘブライ語復活とイシューヴにおける学校教育」同志社大学神学研究科修士論文、2011

池田潤「旧約聖書の言語－ヘブライ語の起源と歴史」『言語』第 32 巻 12 号、大修館書店、2003、68-74 頁

池田潤「アマルナ語から見た聖書ヘブライ語の接尾活用形」『言語研究』第 126 巻、日本言語学会、2004、69-92 頁

池田潤「ヘブライ語－古くて新しいユダヤ人のアイデンティティ」『言語』第 37 巻 12 号、大修館書店、2008、56-61 頁

大岩根安里「ヘンリエッタ・ソルドのシオニズム観におけるヘブライ語の意義」『一神教世界』第 2 巻、同志社大学一神教学際研究センター、2011、60-72 頁

佐々木嗣也「ヘブライ語の口頭伝承について」『ユダヤ・イスラエル研究』第 17 巻、日本ユダヤ学会、1999、10-15 頁

佐々木嗣也「ヘブライ語『復活』のメカニズムについて」『ナマール』第4巻、日本・ユダヤ文化研究会、1999、44-51頁

アダ・タガー・コヘン「ラディノ語との出会い」『CISMORユダヤ学会議　ユダヤ人の言語、隣接文化との歴史的習合』第3巻、同志社大学一神教学際研究センター、2007、90-99頁

アダ・タガー・コヘン「聖書ヘブライ語と現代ヘブライ語：アイデンティティーを求めて」『基督教研究』第71巻第1号、同志社大学神学部基督教研究会、2009、63-81頁

ドロン・コヘン『ヘブライ語聖書の日本語訳に関する比較研究』同志社大学神学研究科博士論文、2011

Latin Alphabetic order: books, articles and other reference sites in English and Hebrew

Adina Abadi, *Discourse Syntax of Contemporary Hebrew* (Jerusalem: Magnes Press, 1988).

Glenda Abramson, (ed.), *Encyclopedia of Modern Jewish Culture* (2 vols.; London: Routledge, 2005).

Amir E. Aharoni, "Vocalization of Modern Hebrew", in *Encyclopedia of Hebrew Language and Linguistics* (eds. Geoffrey Khan et.al.; Leiden-Boston: Brill, 2013), 944-951.

Shmuel Ahituv, *Haketav Vehamiktav: Handbook of Ancient Inscriptions from the Land of Israel* (Jerusalem: Mosad Bialik, 2005).

שמואל אחיטוב, הכתב והמכתב: אסופת כתובות מארץ ישראל וממלכות עבר הירדן מימי בית ראשון (האנציקלופדיה המקראית 21; ירושלים: מוסד ביאליק, 2005)

Shmuel Ahituv, *Echoes from the Past: Hebrew and Cognate Inscriptions from the Biblical Period* (Jerusalem: Carta, 2008).

Edna Amir Coffin and Shmuel Bolozky, *A Reference Grammar of Modern Hebrew* (Cambridge: Cambridge University Press, 2005).

Doron B. Cohen, "Translation and Publication of Japanese Literature in Hebrew: Tendencies and Episodes", *Conference on Jewish Studies* 6 (Kyoto: CISMOR Doshisha University, 2013), 138-155.

Doron B. Cohen, "Minorities in Modern Hebrew Literature: A Survey", *Jewish Literature: Textual Studies* 1 (Kyoto: Kyoto University, 2014), 89-127.

Graham I. Davies, *Ancient Hebrew Inscriptions: Corpus and Concordance* (2 vols. Cambridge-New York: Cambridge University Press, 1991- 2004).

Yossef Dana, *Ivrit-Aravit Al Tzir Hazman* (The Hebrew-Arabic Language Contrast Institute, Haifa, 2000).

יוסף דנה, <u>עברית-ערבית על ציר הזמן</u> (המכון למחקר משווה עברית-ערבית; חיפה, 2000).

Frederick W. Dobbs-Allsopp et.al., *Hebrew Inscriptions: Texts from the Biblical Period of the Monarchy with Concordance* (New Haven: Yale University Press, 2005).

Susanne Feigenbaum and Dennis Kurzon (eds.), *Prepositions in their Syntactic, Semantic and Pragmatic Context* (Amsterdam: John Benjamins Publishing Company, 2002).

Ezra Fleischer and Abraham David, "Piyyut", *Encyclopedia Judaica* (second edition, vol. 16, 2007), 192-209.

Dina Ginsburg, "Rabbi Moses Gikatila's and Rabbi Abraham Ibn Ezra's Translations of Rabbi Juda Hayyuj's Treatises – A Comparative Study", (M.A. Thesis, Bar-Ilan University, 2007).

Lewis Glinert, *The Grammar of Modern Hebrew* (Cambridge: Cambridge University Press, 2004).

Lewis Glinert, *The Story of Hebrew* (Library of Jewish Ideas; Princeton University Press, 2017).

William P. Griffin, "Killing a Dead Language: A Case against Emphasizing Vowel Pointing when Teaching Biblical Hebrew". https://www.sbl-site.org/publications/Article.aspx?ArticleId=675 (2018/1/15).

Jo Ann Hackett and Na'ama Pat-El, "On Canaanite and Historical Linguistics: A Rejoinder to Anson Rainey", *Maarav* 17.2 (2010), 173-188.

Baruch Halpern, "Dialect Distribution in Canaan and the Deir Alla Inscriptions", in David M. Golomb and Susan T. Hollis (eds.), *Working with No Data: Semitic and Egyptian Studies Presented to Thomas O. Lambdin* (Winona Lake, IN.: Eisenbrauns, 1987), 119-139.

Harold S. Himmelfarb and Sergio DellaPergola (eds.), *Jewish Education Worldwide: Cross-Cultural Perspectives* (Lanham, Md.: University Press of America, 1989).

Stephen A. Kaufman, "The Classification of the North West Semitic Dialects of the Biblical Period and Some Implications Thereof", in *The Proceedings of the Ninth World Congress of Jewish Studies: Panel Sessions, Hebrew and Aramaic* (Jerusalem, World Congress of Jewish Studies, 1988), 41-57.

Rotem Kowner and Judith Rosenhouse, "Cultural Policy on Loanword Adoption in Modern Japanese and Hebrew: A Comparative Study", *International Journal of Cultural Policy* 7/3 (2001), 521-548.

Dennis Kurzon and Silvia Adler (eds.), *Adpositions: Pragmatic, Semantic and Syntactic Perspectives* (Amsterdam: John Benjamins Publishing Company, 2008).

Eduard Yechezkel Kutscher (edited by Raphael Kutscher), *A History of the Hebrew Language* (Jerusalem: Magnes Press, 1982).

Hannah Neudecker, "Vocalization of Modern Hebrew and Colloquial Pronunciation", in *Encyclopedia of Hebrew Language and Linguistics* (eds. Geoffrey Khan et.al.; Leiden-Boston: Brill, 2013), 951-953.

Chaim Rabin and Ghilʻad Zuckermann, "Hebrew", in Glenda Abramson (ed.), *Encyclopedia of Modern Jewish Culture* (London: Routledge, 2004), 358-361

Anson F. Rainey and R. Steven Notley, *The Sacred Bridge: Carta's Atlas of the Biblical World* (Jerusalem: Carta, 2006).

Anson Rainey, "Redefining Hebrew – A Transjordanian Language", *Maarav* 14.2 (2007), 67-81.

Lily Rattok (ed.), *The Other Voice: Women's Fiction in Hebrew* (Tel-Aviv: Hadekel, 1994).

Gary A. Rendsburg, *Linguistic Evidence for the Northern Origin of Selected Psalms* (Atlanta: Scholars Press, 1990).

Gary A. Rendsburg, *Diglossia in Ancient Hebrew* (New Haven: American Oriental Society, 1990).

Gary A. Rendsburg, "The Dialect of the Deir Alla Inscription", *Bibliotheca Orientalis* 50 (1993), 309-328.

Amalia Rosenblum and Zvi Triger, *Speechless: How Contemporary Israeli Culture is Reflected in Language* [ללא מילים: התרבות הישראלית בראי השפה] (Or-Yehuda: Kinneret, Zmora-Bitan, Dvir- Publishing House, 2007).

Ruvik Rosenthal, *The Lexicon of Life: Israeli Sociolects & Jargon* (Jerusalem: Keter, 2007).

רוביק רוזנטל, הלקסיקון של החיים: שפות במרחב הישראלי (ירושלים: כתר, 2007). http://www.kotar.co.il/KotarApp/Viewer.aspx?nBookID=97442999&nTocEntryID=97446393#1.-29.4.default (2018/1/15).

Yael Reshef, *Hebrew in the Mandate Period* (Jerusalem: The Academy of the Hebrew Language, 2015).

יעל רשף, העברית בתקופת המנדט (ירושלים: האקדמיה ללשון העברית, 2015).

Angel Saenz-Badillos, *A History of the Hebrew Language* (tr. John Elwolde; Cambridge: Cambridge University Press, 1993).

Tsuguya Sasaki, "The Place of Modern Hebrew as a Lingua Franca of Jewish Studies", *Language Problems and Language Planning* 31:2 (2007), 131-141.

Gershon Shaked, *Hebrew Narrative Fiction 1880-1980* (vol. 5; Tel- Aviv: Hakibbutz Hameuchad, 1998).

גרשון שקד, הסיפורת העברית 1880- 1980 (כרך ה; תל-אביב: הקיבוץ המאוחד, 1998).

Ezra Spicehandler, "Hebrew Literature", in Glenda Abramson (ed.), *Encyclopedia of Modern Jewish Culture* (London: Routledge, 2005), 361-367.

Bernard Spolsky and Elana Shohamy, *The Languages of Israel: Policy, Ide-*

ology and Practice (Bilingual Education and Bilingualism 17, Buffalo-New York: Multilingual Matters, 1999).

Naftali Stern, *Dictionary of Hebrew Verbs: The Valence and Distribution of Verb in Contemporary Hebrew* (Ramet-Gan: Bar-Ilan University Press, 1994).

Ada Taggar-Cohen, *Hebrew Prepositions- A Handbook for the Study and Practice of Modern Hebrew Prepositions* (Jerusalem: Academon, 2000).

Rachel Trotzki,

רחל טרוצקי, "הזיקה והנתק שבין העברית המודרנית ללשונות העברית הקדומות: ניתוח השוואתי של קשרי המשפט המורכב לאפיון עצמיות העברית המודרנית" (עבודת מ"א, אוניברסיטת תל-אביב, 1994).

Ghil'ad Zuckermann, "A New Vision for Israeli Hebrew: Theoretical and Practical Implications of Analyzing Israel's Main Language as a Semi-Engineered Semito-European Hybrid Language", *Journal of Modern Jewish Studies* 5.1 (2006), 57-71.

Reference of sites:

The Corpus of Spoken Israeli Hebrew (CoSIN מאגר העברית המדוברת בישראל)- http://cosih.com/english/index.html.

Modern Hebrew Website http://acohen.freya.weblife.me/mhw/index.html.

New Hebrew Literature Lexicon https://library.osu.edu/projects/hebrew-lexicon/00570.php.

Dictionaries

מילון אבן שושן – מחודש ומעודכן לשנות האלפיים, בעריכת משה אזר (ירושלים, הוצאת המילון החדש, 2003).

שושנה בהט ומרדכי מישור, מילון ההווה: מילון שימושי לעברית התקנית (ירושלים: ספרית מעריב, איתאב - בית הוצאה לאור, 1995).

Reuben Alcalay, *The Complete English-Hebrew; Hebrew-English Dictionary* (4 vols.; Tel Aviv: Yedioth Ahronoth and Brooklyn-N.Y.: Chemed Books, 1996).

索　引

ヘブライ語動詞不定詞索引（第 5 章）
ヘブライ語語根索引（第 3 – 5 章）
日本語索引（第 5 章）

ヘブライ語動詞不定詞索引

א

לְאַבֵּד את 62
לְאַבְטֵחַ את 62
לֶאֱהוֹב את 62
לֶאֱחוֹז ב 62
לְאַחֵל ל 62
לְאַחֵר ל 62
לְאַיֵּם על 63
לְאַיֵּת את 63
לְאַכְזֵב את 63
לֶאֱסוֹף את 63
לֶאֱסוֹר על 63
לְאַפְשֵׁר ל 63
לְאַרְגֵּן את 64
לְאַשֵּׁר את 64
לְאַשֵּׁר ל 64

אָדִישׁ ל 61
אַחֲרַאי על / ל 61
אֵין ל 61
אַכְזָבָה מ 61
אָסוּר ל 61

ב

לִבְגוֹד ב 65
לִבְדּוֹק את 66
לָבוֹא ל / אל 66
לָבוֹא בִּטְעָנוֹת אל 66
לְבַזְבֵּז את 66
לִבְחוֹן את 66
לִבְחוֹר ב 66
לִבְחוֹר את 67
לְבַטֵּא את 67
לְבַטֵּל את 67
לִבְטוֹחַ ב 67
לִבְכּוֹת על 67
לִבְלוֹעַ את 67
לְבַלּוֹת את ב 68
לְבַלּוֹת עם 68
לִבְלוֹם את 68
לִבְעוֹט ב 68
לְבַצֵּעַ את 68
לְבַקֵּר את 68
לְבַקֵּר אצל 68
לְבַקֵּר את 68
לְבַקֵּר ב 69
לְבַקֵּשׁ מ / מן 69
לִבְרוֹחַ מ / מן 69
לְבַשֵּׁל את 69

בַּאֲשֶׁר ל 64
בְּהַשְׁוָואָה ל 64
בְּהֶתְאֵם ל 64
בְּיַחַס ל 65
בְּנִיגּוּד ל 65
בְּקֶשֶׁר ל 65
בִּתְגוּבָה ל 65
בְּתוֹךְ ה 65

ג

לִגְבּוֹר עַל	70		
לְגַבֵּשׁ אֶת	70		
לְגַהֵץ אֶת	70		
לָגוּר בְּ	70		
לְגַיֵּיס אֶת	70		
לְגַלּוֹת אֶת לְ	70		
לִגְמוֹר אֶת	71		
לִגְעוֹר בְּ	71		
לָגַעַת בְּ	71		
לִגְרוֹם לְ	71		
לְגַשֵּׁר בֵּין... לְבֵין	71		
לָגֶשֶׁת לְ	71		
גִּישָׁה לְ	69		
גַּמִּישׁ כְּלַפֵּי	69		
גָּרוּעַ מִ / מִן	70		

ד

לִדְאוֹג לְ	72
לְדַבֵּר עִם... עַל	72
לְדַוֵּחַ לְ (מִישֶׁהוּ) עַל (מַשֶּׁהוּ)	72
לָדוּן בְּ	72
לִדְחוֹף אֶת	72
לִדְחוֹת אֶת	73
לְדַכֵּא אֶת	73
לָדַעַת אֶת	73
לָדַעַת עַל	73
לִדְפְדֵּף בְּ	73
לִדְרוֹשׁ מִ / מִן	73
לַהֲרוֹג אֶת	74
דּוֹמֶה לְ (לִדְמוֹת לְ)	72

ה

הִתְבָּרֵר לְ (שֶׁ)	74
הִתְנַצְּלוּת עַל	74
לְהַאֲזִין לְ	74
לְהַאֲמִין בְּ	74
לְהַאֲמִין לְ	74
לְהַאֲשִׁים אֶת בְּ	75
לְהַבְדִּיל בֵּין לְבֵין	75
לְהַבְהִיר אֶת לְ	75
לְהַבְחִין בְּ	75
לְהַבְטִיחַ (אֶת) לְ	75
לְהַבְטִיחַ לְ שֶׁ	75
לְהַבִּיט בְּ	76
לְהָבִיךְ אֶת	76
לְהָבִין אֶת	76
לְהַבִּיעַ אֶת	76
לְהָגִיב עַל	76
לְהַגְדִּיל אֶת (בְּ)	76
לְהַגְדִּיר אֶת כְּ	76
לְהַגִּיעַ לְ	77
לְהַדְחִיק אֶת	77
לְהוֹבִיל (אֶת) לְ	77
לְהוֹדוֹת לְ (עַל)	77
לְהוֹדוֹת שֶׁ	77
לְהוֹדוֹת בְּ	77
לְהוֹדִיעַ לְ... עַל	77
לְהוֹכִיחַ לְ (שֶׁ)	78
לְהוֹלִיךְ אֶת... לְ	78
לְהוֹסִיף לְ	78
לְהָעִיד אֶת... לְ	78
לְהוֹפִיעַ בְּ / לְ	78
לְהִזְדַּהוֹת עִם	78

לְהַפְרִיד מ / מן	84	לְהַזְהִיר אֶת... מִפְּנֵי	79
לְהִיקָּלֵט בְּ	84	לְהַזִּיק לְ	79
לְהִישָּׁאֵר בְּ	84	לְהַזְכִּיר (אֶת) לְ	79
לְהָכִין אֶת	84	לְהַזְמִין (אֶת) לְ	79
לְהַכִּיר אֶת	85	לְהַזְמִין (אֶת)	79
לְהַכִּיר בְּ	85	לְהַחֲזִיק בְּ	79
לְהַכְחִישׁ אֶת	85	לְהַחְלִיט עַל	80
לְהַכְנִיס אֶת לְ	85	לְהַחְלִיט שֶׁ	80
לְהַכְשִׁיל אֶת בְּ	85	לְהַחְלִיף אֶת בְּ	80
לְהַמְלִיץ לְמִישֶׁהוּ עַל	85	לְהַחְרִיף אֶת	80
לְהַמְשִׁיךְ אֶת / בְּ	86	לְהֵחָשֵׁב לְ	80
לְהָנִיחַ אֶת עַל	86	לְהַטּוֹת אֶת	80
לְהַנִּיחַ לְ	86	לְהָטִיל עַל	81
לְהָנִיחַ שֶׁ	86	לְהַטְרִיד אֶת	81
לְהַגִּיעַ אֶת	86	לְהִיבָּהֵל מ / מן	81
לְהַסְבִּיר אֶת לְ	86	לְהִידַּבֵּר עִם	81
לְהַסְבִּיר פָּנִים לְ	87	לְהִיוָּלֵד בְּ	81
לְהַסְכִּים לְ	87	לְהִיוָּעֵד עִם	81
לְהַסְמִיךְ אֶת לְ	87	לִהְיוֹת בְּ / לִהְיוֹת עִם	81
לְהִסְתַּגֵּל לְ / אֶל	87	לִהְיוֹת לְ	82
לְהִסְתַּיֵּיג מ / מן	87	לִהְיוֹת נֶאֱמָן לְ	82
לְהִסְתַּלֵּק מ / מן	87	לִהְיוֹת בְּעַד / נֶגֶד	82
לְהִסְתַּמֵּךְ עַל	88	לְהִזָּכֵר בְּ	82
לְהִסְתַּפֵּק בְּ	88	לְהִיכָּנֵס לְ / אֶל	82
לְהַעֲבִיר אֶת לְ / אֶל	88	לְהִיכָּנַע (לְ)	82
לְהַעֲדִיף אֶת... עַל (פְּנֵי)	88	לְהִילָּחֵם בְּ / נֶגֶד	83
לְהָעִיף מַבָּט עַל	88	לְהִימָּנַע מ / מן	83
לְהַעֲמִיד אֶת	88	לְהִימָּצֵא בְּ	83
לְהַעֲמִיד אֶת (מִישֶׁהוּ) לְמִשְׁפָּט	88	לְהֵעָלֵב מ / מן	83
עַל טָעוּת	89	לְהֵעָרֵךְ לְ	83
לְהַעֲנִיק לְ	89	לְהֵעָרֵךְ בְּ	83
לְהַעֲסִיק אֶת	89	לְהִיפָּגַע מ / מן	84
לְהַעֲרִיךְ אֶת	89	לְהִיפָּגֵשׁ עִם	84
לְהָפְגִּין בְּעַד / נֶגֶד	89	לְהִיפָּטֵר מ / מן	84

202

95	לְהַשְׁלִים עִם	89	לְהַפְגִּישׁ בֵּין לְבֵין
95	לְהַשְׁמִיד אֶת	90	לַהֲפוֹךְ לְ
95	לְהַשְׁפִּיעַ עַל	90	לְהַפְחִית בְּ
95	לְהַשְׁקִיעַ בְּ	90	לְהַפִּיל אֶת
96	לְהִשְׁתַּמֵּשׁ בְּ	90	לְהַפְנוֹת אֶת לְ / אֶל
96	לְהִשְׁתַּעֲמֵם מִ / מִן	90	לְהַפְסִיק אֶת
96	לְהִשְׁתַּפֵּר בְּ	90	לְהַפְרִיד בֵּין לְבֵין
96	לְהִשְׁתַּתֵּף בְּ	91	לְהַפְרִיז בְּ
	הִשְׁתַּתְּפוּת בְּ 74	91	לְהַפְרִיעַ לְ
96	לְהִתְאַהֵב בְּ	91	לְהַצְבִּיעַ עַל
96	לְהִתְאַכְזֵב מִ / מִן	91	לְהַצְהִיר שֶׁ
97	לְהִתְאַקְלֵם בְּ	91	לְהַצְחִיק אֶת
97	לְהַתְבַּטֵּא בְּ	91	לְהַצִּיג (אֶת) בִּפְנֵי / לְ
97	לְהִתְגָּאוֹת בְּ	91	לְהַצִּיג אֶת
97	לְהִתְגַּבֵּר עַל	92	לְהַצִּיעַ לְ (אֶת)
97	לְהִתְגַּיֵּיס לְ	92	לְהַצִּיק לְ
97	לְהִתְגַּעֲגֵעַ לְ	92	לְהַצְלִיחַ בְּ
98	לְהִתְגָּרֵשׁ מִ	92	לְהַקְדִּישׁ (אֶת) לְ
98	לְהִתְוַוכֵּחַ עִם / עַל	92	לְהָקִים אֶת
98	לְהִתְחַבֵּא בְּ	92	לְהַקְשִׁיב לְ
98	לְהַתְחִיל בְּ / אֶת	93	לְהַרְאוֹת (אֶת) לְ
98	לְהִתְחַשֵּׁב בְּ	93	לְהַרְבּוֹת בְּ
98	לְהִתְחַשֵּׁק לְ	93	לְהַרְגִּישׁ בְּ
99	לְהִתְיָיאֵשׁ מִ / מִן	93	לְהַרְגִּיעַ אֶת
99	לְהִתְיַישֵּׁב בְּ	93	לְהַרְדִּים אֶת
99	לְהִתְיַיחֵס לְ / אֶל	93	לַהֲרוֹג אֶת
99	לְהִתְיָיעֵץ עִם	93	לַהֲרוֹס אֶת
99	לְהִתְכּוֹנֵן לְ	94	לְהַרְחִיק אֶת מִ
99	לְהִתְכַּוֵּון לְ	94	לְהַשְׁאִיל אֶת (לְ)
100	לְהִתְכַּחֵשׁ לְ	94	לְהַשְׁאִיר אֶת
100	לְהִתְלוֹנֵן עַל	94	לְהָשִׁיב לְ עַל
100	לְהִתְמוֹדֵד עִם	94	לְהָשִׁיב אֶת לְ
100	לְהִתְנַגֵּד לְ	94	לְהַשִּׂיג אֶת
100	לְהִתְנַהֵג בְּנִימוּס / כְּמוֹ	95	לְהַשְׁלִים אֶת

לְהִתְנַחֵל ב	100		
לְהִתְנַפֵּל עַל	101		
לְהִתְנַצֵּל עַל	101		
לְהִתְעוֹרֵר ב	101		
לְהִתְעַנְיֵין ב	101	זָקוּק ל	105
לְהִתְעַקֵּשׁ עַל	101		
לְהִתְעָרֵב ב	102	**ח**	
לְהִתְעָרֵב עַל	102	חִילּוּקֵי דֵּעוֹת בֵּין... לְבֵין	106
לְהִתְפַּטֵּר מ / מִן	102	חֵלֶק מ / מִן	106
לְהִתְפַּקֵּעַ מ (צְחוֹק)	102	לַחֲבוֹט ב	106
לְהִתְפַּרְסֵם ב	102	לַחֲבוֹשׁ אֶת	106
לְהִתְפַּשֵּׁר עִם (מִישֶׁהוּ) עַל	102	לְחַבֵּל ב	106
לְהִתְקַיֵּים מ	103	לְחַבֵּק אֶת	107
לְהִתְקָרֵב ל / אֶל	103	לְחַבֵּר אֶת ל	107
לְהִתְקַשּׁוֹת ב	103	לַחֲדוֹל מ	107
לְהִתְקַשֵּׁר ל / אֶל	103	לַחֲזוֹר ל	107
לְהִתְרַגֵּל ל	103	לְחַדֵּשׁ אֶת	107
לְהִתְרַגֵּז עַל	103	לָחוּל ב	107
לְהִתְרַחֵק מ	103	לַחוּשׁ אֶת / ב	107
לְהִתְרַחֵץ ב	104	לַחוּשׁ ל / אֶל	108
		לַחֲזוֹר ל / אֶל	108
		לַחֲזוֹר עַל	108
ו		לְחַזֵּק אֶת	108
לְוַודַּא (שֶׁ)	104	לַחֲזֹר אַחֲרֵי	108
לְוַותֵּר עַל	104	לַחֲטוֹף אֶת	108
לוֹמַר ל	104	לִחְיוֹת ב	109
		לְחַיֵּיב אֶת	109
		לְחַכּוֹת ל	109
ז		לַחֲלוֹם עַל	109
לְזַהוֹת אֶת	105	לַחֲלוֹף עַל פְּנֵי	109
לְזַכּוֹת אֶת (מֵאַשְׁמָה)	105	לַחֲלוֹק עַל (דֵּעָה)	109
זַכַּאי ל	104	לַחֲלוֹשׁ עַל	110
לִזְכּוֹת ב	105	לְחַלֵּל אֶת	110
לִזְרוֹק אֶת	105	לְחַלֵּל בֶּחָלִיל	110
		לְחַלֵּק אֶת	110
		לַחֲמוֹד אֶת	110
		לַחֲמוֹק מִפְּנֵי	110

204

116	לְטַפֵּל ב		111	לְחַמֵּם את
116	לְטַפֵּס ב		111	לַחֲסוֹת ב/ תחת
116	לְטַפֵּס עַל		111	לְחַסֵּן את מפני
117	לִטְרוֹחַ עַל		111	לְחַפֵּשׂ את / אחר
117	לִטְרוֹף את		111	לַחֲצוֹת את
117	לִטְרוֹק את (הדלת) (בפני)		112	לַחֲקוֹר את / אודות
117	לְטַשְׁטֵשׁ את		112	לַחֲרוֹג מ
			112	לַחֲרוֹד מ / מפני
			112	לַחֲשׁוֹב עַל
	י		112	לַחֲשׁוֹד ב
118	לְיַבֵּא מ		113	לַחֲשׁוֹק ב
118	לְיַבֵּשׁ את		113	לַחֲשׁוֹשׁ מ / מפני
118	לְיַדּוֹת ב		113	לַחְתּוֹךְ את (ל)
118	לֵיהָנוֹת מ / מן		113	לַחְתּוֹם עַל
118	לְיַזּוֹם את		113	לַחְתּוֹם את
119	לְיַעֵל את		105	חַיָּב ל (מישהו)
119	לְיַצֵּא את ל			
119	לְיַצֵּב את			**ט**
119	לְיַצֵּג את		114	לִטְבּוֹל את ב
119	לִיצוֹר את		114	לְטַגֵּן את ב
120	לְיַצֵּר את		114	לִטְווֹת (את)
120	לְיַקֵּר את		114	לִטּוֹל את הידיים
120	לִירוֹא (מ / מפני)		114	לָטוּס ב (ל)
120	לִירוֹק עַל / בפני		114	לִטְחוֹן את
120	לְיַישֵּׁב את (מקום)		115	לְטַיֵּיל ב
121	לְיַישֵּׁב את		115	לְטַלְפֵּן ל
121	לְיַישֵּׁר את		115	לִטְמוֹן את ב
			115	לִטְעוֹם את / מ
117	יוֹתֵר מ / מן		115	לִטְעוֹן שׁ
117	יָכוֹל ל		115	לִטְעוֹת ב
118	יֵשׁ ל		116	לִטְפּוֹחַ עַל
			116	לִטְפּוֹל אשמה עַל
			116	לְטַפַּח את

כ		לָלֶכֶת ל / אל	126
לְכַבֵּד את	122	לִלְמוֹד את / על	126
לְכַבֵּד ב	122	לִלְמוֹד בעל-פה	126
לִכְבּוֹל את	122	לְלַמֵּד את	126
לְכַבֵּס את	122	לִלְעוֹג ל / על	126
לִכְבּוֹשׁ את	123	לְלַקֵּט את	126
לְכַהֵן ב / כ	123		
לְכַזֵּב ל	123		
לִכְלוֹא את ב	123	**מ**	
לִכְלוֹל את	123	לִמְאוֹס ב	129
לְכַנֵּס את	123	לְמַהֵר ל	130
לְכַסּוֹת את (ב)	124	לְמַזֵּג את	130
לִכְעוֹס על	124	לִמְחוֹת על / נגד	130
לִכְפּוֹת על	124	לְמַלֵּא (את) ב	130
לְכַפֵּר על	124	לְמַלֵּא הבטחה	130
לִכְרוֹעַ ברך לפני	124	לְמַמֵּן את	131
לִכְרוֹת אוזן ל	124	לְמַמֵּשׁ את	131
לִכְתּוֹב את על	124	לִמְנוֹת את	131
		לְמַנּוֹת את	131
כּוֹאֵב ל	121	לִמְנוֹעַ מ / מן	131
כַּמָּה ל	121	לִמְסוֹר את ל / לידי	131
כָּרוּךְ ב	121	לִמְסוֹר מידע על	132
כָּרוּךְ אחרי	122	לִמְעוֹל ב (אימון, תפקיד)	132
כְּתוֹצָאָה מ	122	לִמְצוֹא את	132
		לְמַצּוֹת את	132
		לִמְשׁוֹךְ את (ל)	132
ל		לִמְתּוֹחַ ביקורת על	132
לִלְבּוֹשׁ את	125	לָמֵן את	133
לְלַגְלֵג על	125	מַאֲבָק ב / נגד	127
לִלְווֹת מ / מן	125	מְאוּכְזָב מ / מן	127
לְלַוּוֹת את ל	125	מֵאֲחוֹרֵי ה	127
לִלְחוֹם ב / נגד	125	מְאַחֵר ש	127
לִלְחוֹץ על	125	מִבַּעַד ל	127
לִלְחוֹשׁ ל (מישהו) באוזן	125	מַגָּע עם/בין	128

206

לָשֶׂגֶת מ	136	מוּדָע ל	128
לְסַדֵּר אֶת	136	מוּטָב שׁ	128
לְסַיֵּם אֶת	137	מוּמְחֶה ל	128
לְסַיֵּעַ ל (ב)	137	מְכֻוָּון שׁ	128
לִסְמוֹךְ עַל	137	מָנוּי עַל	128
לְסַמֵּן אֶת	137	מְעֻנְיָן ב	129
לְסַפֵּר ל עַל	137	מֵעַל ל	129
לְסַפֵּר אֶת	137	מַתְאִים ל	129
לְסָרֵב ל	137	מִתּוֹךְ ה	129
		מִתַּחַת ל	129
סָבוּר שׁ	136	מִתְעַנְיֵין ב	129
סָמוּךְ ל	136		

נ

		לִנְבּוֹעַ מִן / מ	133
ע		לִנְגּוֹעַ ב	133
לַעֲבוֹד ב	138	(בְּ)נוֹגֵעַ ל	133
לַעֲבוֹר אֶת	138	לִנְהוֹג ב	134
לַעֲבוֹר ל	138	לִנְסוֹעַ ל	135
לַעֲבוֹר דִּירָה	139	לְנַצֵּחַ אֶת ב	135
לַעֲבוֹר עַל (הַחוֹק)	139	לְנַצֵּל אֶת	135
עַל פְּנֵי	139	לְנַקּוֹת אֶת	135
לְעַדְכֵּן אֶת ב	139	לְנַתֵּחַ אֶת	135
לְעוֹרֵר אֶת / ב	139		
לַעֲזוֹב אֶת	140	נֶאֱמָן ל	133
לַעֲזוֹר ל / ב	140	נוֹלָד ב	134
לַעֲטוֹף אֶת ב	140	נוֹעָד ל	134
לַעֲלוֹת ל	140	נִיתָּן ל (+שֵׁם פּוֹעַל)	134
לַעֲמוֹד עַל	140	נָתוּן ב	134
לַעֲמוֹד עַל (מַשְׁמָעוּת)	141		
לַעֲמוֹד עַל (דֵּעָה)	141	**ס**	
לַעֲנוֹת ל עַל	141	לִסְבּוֹל מ	136
לַעֲסוֹק ב	141	לִסְגּוֹר אֶת	136
עָסוּק ב	138		
לְעַצֵּב אֶת	141		

לַעֲקוֹב אחרי	141	לְצַוּוֹת על	147
לְעָרֵב את ב	142	לְצוֹתֵת (ל)	147
לַעֲרוֹךְ את	142	לִצְחוֹק על / ל	147
לְעַרְעֵר את	142	לִצְחוֹק מ	148
לְעַרְעֵר על	142	לְצַטֵּט את	148
		לְצַיֵּין ש	148
עָדִיף על (לְהַעֲדִיף על)	138	לְצַלְצֵל ל / אל	148
עִימוּת בין... (לבין)	138	לִצְעוֹק על	148
		לִצְפּוֹת ל	148
		לָצֶקֶת (את) ל (תוֹךְ)	149

פ

פָּחוֹת מ / מן	143	צוֹרֶךְ ב	147
פָּטוּר מ	143		
לִפְגּוֹעַ ב	144		
לִפְגּוֹשׁ את / ב	144	**ק**	
פְּגִישָׁה בין ל / לבין / עם	143	לִקְבּוֹעַ את / ש	149
לִפְחוֹד מ / מן	144	לְקַבֵּל את	149
לִפְטֵר את (מ)	144	לְקַבֵּל את פני	150
לִפְלוֹשׁ ל	144	לְקַוּוֹת ל / ש	150
לִפְנוֹת ל	145	לָקַחַת חֵלֶק ב	150
לִפְנוֹת את	145	לְקַיֵּים את	150
לְפַצּוֹת את (ב/על)	145	לְקַיֵּים הבטחה	150
לִפְקֹד על	145	לִקְלוֹט את	151
לִפְרוֹץ ל / אל	145	לְקַלֵּף את	151
לְפַרְסֵם את	146	לְקַנֵּא ב	151
לְפַשֵּׁר בין לבין	146	לִקְנוֹת את	151
פְּשָׁרָה בין לבין	143	לְקָרֵב את ל	151
לִפְתּוֹחַ את	146	לִקְרוֹא את / ב	152
לִפְתּוֹר את	146	לִקְרוֹא ל	152
לְפַתֵּחַ את	146	לְקָרֵר את	152
		לִקְשׁוֹר בין לבין	152

צ

לְצַוּוֹת ל	147	קַר ל	149
		קָרוֹב ל	149

208

לִשְׁלוֹל אֶת (מ)	158	קָשַׁר עִם	149
לְשַׁלֵּם ל על / עבור	158		
לִשְׁמוֹר עַל	158	**ר**	
לִשְׁמוֹעַ אֶת / עַל	159		
לִשְׁמוֹעַ בְּקוֹל	159	לִרְאוֹת אֶת	153
לְשַׁנּוֹת אֶת	159	לָרֶדֶת מ / מִן	153
לִשְׁפּוֹךְ אֶת עַל	159	לִרְכּוֹשׁ (אֶת) מ	153
לְשַׁפֵּר אֶת	160	לִרְצוֹת שׁ	154
לִשְׁקוֹל אֶת	160	לִרְשׁוֹם אֶת (ב / עַל / ל)	154
לְשַׁתֵּף אֶת (ב)	160	לָרֶשֶׁת אֶת	154
שׁוֹנֶה מ / מִן	154	רָאוּי ל	152
שׁוּתָּף ל	154	רָגִיל ל / אֶל	153
שַׁיָּיךְ ל	155	רָחוֹק מ	153

		שׂ / שׁ	
ת			
לְתָאֵם עִם	161	לִשְׁאוֹל אֶת	155
לִתְבּוֹעַ אֶת (לְדִין)	161	לִשְׁאוֹל בְּעֵצָה	155
לִתְבּוֹעַ מ / מִן	161	לִשְׁאוֹל (אֶת) מ / מִן	155
לְתַכְנֵן אֶת	161	לִשְׁאוֹף ל	156
לִתְמוֹךְ ב	162	לָשֵׂאת אֶת	156
לְתַמְצֵת אֶת	162	לָשֵׂאת אֶת לְאִישָּׁה	156
לִתְרוֹם ל	162	לָשֵׂאת עֵינַיִים ל / אֶל	156
לִתְעוֹת ב	162	לִשְׁהוֹת ב	156
לְתַקֵּן אֶת	162	לָשׁוּב ל	156
לְתַרְגֵּם אֶת	163	לְשׂוֹחֵחַ (שִׂיחָה) עִם / בֵּין	155
לָתֵת ל	163	לְשׂוֹחֵחַ עִם עַל	157
		לְשַׂחֵק ב / עִם / נֶגֶד	157
תְּגוּבָה עַל / ל	160	לְשַׁחְרֵר אֶת	157
תָּלוּי ב	161	לָשִׂים אֶת עַל / ב	157
		לָשִׂים לֵב ל	157
		לִשְׁפּוֹחַ אֶת	158
		לִשְׁלוֹחַ (אֶת) ל / אֶל	158

ヘブライ語語根索引

אבד 40, 62, 68, 166
אבק 127
אדש 61
אהב 46, 48, 55, 57,
62, 66, 96, 104, 108,
134, 157, 159, 166
אזן 74
אחז 62, 167
אחל 62
אחר 58, 62, 101,
127, 167
אים 63, 167
אין 55, 61, 65, 158
אית 63
אכזב 61, 63, 96, 127
אמן 74, 82, 133,
137, 142
אמר 59, 68, 84,
101, 102, 104, 114,
117, 121, 133, 144,
145, 148, 158, 161
אסף 63
אסר 46, 61, 63, 91,
111, 139
אפשר 40, 63, 106
אקלם 97
ארגן 64
אשם 75, 115, 116,
142, 165
אשר 64
בגד 65
בדל 75
בדק 54, 66
בהל 81
בהר 75
בוא 46, 49, 51, 58,
66, 87, 99, 101, 109,
122, 126, 130, 146
בוך 76
בזבז 66
בחן 63, 66, 75
בחר 66, 67, 79
בטא 66, 67, 97
בטח 62, 67, 75, 134
בטל 40, 67
בין 57, 76, 105
106, 155
בכה 67, 90, 99, 156
בלה 68
בלם 68
בלע 67
בנה 57
בעד 127
בעט 68
בצע 68
בקר 54, 65, 68, 69,
80
בקש 52, 69, 80, 131,
140, 153
ברח 69, 122
ברר 65, 74
בשל 69, 115
גאה 97
גבר 70, 97
גבש 70
גדל 75, 76, 97, 162
גדר 76
גהץ 70
גוב 65, 76, 160
גור 40, 53, 58, 68,
70, 98
גיס 70, 90, 97
גלה 70
גמר 71, 154, 165
גמש 69
געגע 97
גער 70
גרם 71, 89
גרע 70
גרש 98
גשר 71
דאג 72, 147
דבר 48, 49, 50, 72,
81, 102, 103, 114
131, 151, 152, 165
דוח 72
דון 72
דחה 73
דחף 72
דחק 77
דכא 73, 142
דמה 72
דפדף 73

210

ヘブライ語語根索引（第3-5章）

חשב	40, 47, 50, 54,	חבר	107	דרג	74
	80, 98, 112, 141,	חבש	106	דרש	73, 108
	155, 159	חדל	107	היה	46, 50, 51, 53,
חשד	112	חדר	107		54, 59, 67, 68, 74,
חשק	98, 113	חדש	107		75, 78, 81, 82, 111,
חשש	113	חול	107		115, 117, 121, 122,
חתך	113	חוש	107, 108		130, 131, 135, 137,
חתם	113	חזק	79, 86, 108		140, 152, 154, 160,
טבל	114	חזר	52, 107, 108,		161, 162
טגן	114		109, 120, 130, 145,	הלך	49, 51, 62, 65,
טוה	114		161		78, 118, 121, 122,
טוס	114	חטף	108		126, 128, 136, 141,
טחן	114	חיב	104, 105, 109,		144, 149, 155, 158
טיל	62, 115		122	הנה	42, 118, 153,
טלפן	115	חיה	109, 116		154
טמן	115	חכה	109	הפך	70, 90
טעה	115, 148	חלט	80, 139, 142,	הרג	65, 67, 93
טעם	115		143, 161	הרס	80, 93, 108
טען	115	חלל	110	ודא	104
טפח	116	חלם	109, 111, 116	וכח	98
טפל	116	חלף	80, 109, 157	ותר	104
טפס	116	חלק	106, 109, 110	זהה	78, 105
טרד	81	חלש	110	זהר	79
טרח	117	חמד	110	זכה	78, 104, 105
טרף	117	חמם	111	זכר	79, 82
טרק	117	חמק	110	זמן	51, 79, 108,
טשטש	117	חסה	111		141
יאש	99	חסן	111	זעק	75
יבא	118	חפש	99, 111, 115	זקק	105
יבל	77	חצה	111	זרק	105, 144
יבש	118	חקר	112	חבא	98
ידה	77, 118	חרג	112	חבט	106
ידע	48, 65, 71, 73,	חרד	112	חבל	106
	77, 96, 102, 115,	חרף	80	חבק	107

88, 113, 124, 157	120, 121, 128, 153	120, 128, 134, 141
לבש 125, 147	ישן 40	יזם 118
לגלג 125	ישר 121	יחס 65, 99
לוה 125	יתר 117	יטב 128
לון 100	כאב 67, 121	יכח 78, 166
לחם 83, 125	כבד 57, 122	יכל 57, 67, 76, 88,
לחץ 125	כבל 122	113, 117, 127, 137,
לחש 125	כבס 122	141, 146, 149, 162
למד 44, 47, 57, 63,	כבש 58, 123	ילד 81, 134, 139,
70, 79, 97, 110, 126,	כהן 123	151, 152, 162
130, 146, 155, 158	כון 57, 71, 84, 99,	יסף 78
לעג 126	112, 114, 115, 128,	יעד 78, 81, 134
לקח 52, 57, 87, 150	132, 133	יעל 119
לקט 126	כזב 123	יעץ 99
מאס 129	כחש 85, 100	יפע 78
מדד 100	כלא 123	יצא 46, 52, 59, 75,
מהר 94, 130	כלל 123	107, 119, 129
מזג 130	כמה 121	יצב 119
מחה 128, 130	כנס 51, 59, 82, 85,	יצג 91, 119
מלא 130	88, 90, 107, 123,	יצע 92
מליץ 85	140, 142, 156	יצק 92, 149
ממן 131	כנע 82	יצר 80, 119, 120,
ממש 131	כסה 124	135
מנה 128, 131	כעס 50, 56, 68, 117,	יקר 120
מנע 83, 131	120, 124, 156	ירא 120
מסר 131, 132	כפה 124	ירד 94, 107, 119,
מעל 132	כפר 124	153
מצא 54, 59, 65, 83,	כרה 124	ירק 120
110, 111, 132	כרך 121, 122	ירש 154
מצה 132	כרע 124	יש 74, 83, 95, 101,
משך 86, 132	כרת 124	103, 112, 117, 118,
מתה 132	כשל 85	120, 127, 133, 143,
מתן 133	כתב 41, 44, 46, 47,	149, 158
נבט 47, 76, 127	52, 55, 57, 63, 85,	ישב 53, 56, 73, 99,

נבע 74, 76, 132	105, 111, 134, 151,	עזר 133, 140, 142
נגד 65, 100	158, 163	עטף 140
נגע 51, 58, 69, 71,	סבל 136	על(ה) 129
73, 77, 84, 112, 125,	סבר 86, 87, 136	עלב 83
128, 131, 133, 143,	סגל 87	עלה 72, 140
149, 150, 151, 153,	סגר 136	עמד 53, 56, 58, 59,
154, 162, 164	סדר 55, 124, 136,	88, 89, 121, 140,
נגש 69, 71, 77	142	141, 156
נהג 100, 119, 134,	סוג 136	עמת 138
135, 139, 141	סיג 87	ענה 41, 76, 86, 141
נוח 86	סים 82, 137, 141	ענין 76, 101, 129
נוע 86	סיע 137	ענק 73, 89
נזק 79	סכל 47	עסק 89, 138, 141
נהל 100	סכם 86, 87, 121,	עצב 141
נטה 80	140	עקב 141
נטל 81, 141	סלק 87	עקש 101
נכה 77, 117	סמך 87, 88, 136,	ערב 102, 142
נכר 47, 48, 58, 85	137	ערך 81, 83, 89,
נסג / סוג 94	סמן 137	133, 142
נסע 49, 51, 57, 58,	ספק 88	ערער 142
59, 64, 84, 91, 99,	ספר 40, 46, 50, 91,	עשה 63, 91, 122,
109, 115, 129, 135,	137, 148	133, 145, 158
137, 140, 141, 153,	סרב 77, 96, 137,	ערר/ עור 101, 139
154, 156, 162	159	עשן 83
נפל 90, 101, 108,	עבד 64, 89, 102,	פגן 89
112, 138, 140, 144,	144	פגע 47, 84, 144
135	עבר 88, 138, 139,	פגש 81, 84, 86, 89,
נצח 135	153, 159	116, 133, 143, 144
נצל 74, 82, 101,	עדכן 139	פחד 52, 71, 87,
135	עדף 88, 138	101, 120, 144, 147
נקה 135, 159	עוף 88, 129, 157	פחת 90, 143
נשא 156	עור 101	פטר 84, 102, 143,
נשג 148	עזב 140	פלש 144
נתה 135		
נתן 46, 58, 69,		

רחץ 79, 104	קבל 52, 65, 68, 99,	פנה 51, 90, 145
רחק 94, 103, 153	149, 150	פסק 90, 142
רכז 74	קבע 149, 159	פצה 145
רכש 119, 153	קדש 92	פקד 145
רצה 49, 50, 58, 59,	קוה 127, 136, 150	פקע 102
71, 74, 76, 77, 89,	קום 92, 151	פרד 84, 90
95, 102, 104, 128,	קים 103, 122, 143,	פרז 91
129, 131, 142	150	פרסם 65, 77, 85,
רשם 154	קלט 84, 151	102, 132, 146
שאל 48, 84, 94, 155	קלף 151	פרע 91
שאף 156	קנא 151	פרץ 145
שאר 54, 84, 94, 154	קנה 55, 59, 72,	פשר 102, 143, 146
שהה 156	129, 151, 155	פתח 62, 80, 146
שוב 94, 156	קר 149	פתר 146
שוה 64	קרא 46, 50, 51, 83,	צבע 91
שוח 155, 157	86, 139, 141, 152,	צהר 91
שחק 86, 98, 157	157, 162	צוה 147
שחרר 157	קרב 53, 103, 149,	צות 147
שיך 155	151	צחק 91, 147, 148
שים 110, 157	קרר 149, 152	צטט 148
שכח 46, 132, 136,	קשב 92, 148	צין 148
146, 158	קשה 103	צלח 68, 71, 82, 92,
שכר 86	קשר 65, 77, 103,	96, 121, 123, 146,
שלח 46, 51, 149,	149, 152	150
158, 164	ראה 48, 50, 51, 67,	צלצל 148
שלל 158	90, 93, 103, 105,	צעק 56, 148
שלם 95, 158, 161	109, 127, 134, 139,	צפה 148
שמד 95	144, 146, 152, 153	צרך 57, 64, 69, 73,
שמע 48, 49, 52, 159	רבה 93	75, 79, 90, 104,
שמר 46, 158	רגז 103	108, 114, 122, 126,
שמש 41, 94, 96, 106,	רגל 103, 153	130, 133, 136, 139,
163	רגע 93	142, 143, 147, 148,
שנה 154, 159, 160	רגש 93, 155	149, 150, 153, 154,
שעמם 96, 127	רדם 93	156, 160

שפך	159
שפע	95
שפר	86, 96, 160
שקל	160
שקע	95
שתף	74, 96, 106, 154, 155, 160
תאם	64, 69, 129, 161
תבע	161
תוך	65
תחל	97, 98, 104, 107, 126, 130, 144, 154
תחת	129
תכן (יתכן)	40
תכנן	161
תלה	161
תמך	162
תמצת	162
תעה	162
תקן	162
תרגם	163
תרם	162

日本語索引

あ

愛している	62
アイロンをかける	70
会う	84
明らかにする	70, 75
明らかになる	74
諦める	99, 104
アクセス	69
開ける	146
上げる	120, 160
揚げる	114
明け渡す	145
嘲る	126
味見をする	115
遊ぶ	157
値する	152
与える	89, 131, 163
温める	111
当たる	105, 107, 144
集める	63, 123, 126
圧力をかける	125
あてにする	88
後をつける	141
謝る	101
洗う	104, 114
現れる	78
ある	83, 118
歩いて行く	126
暗記する	126
安定させる	119

い

言い聞かせる	79
いい点を取る	92
言い張る	101
言う	104
依拠する	88
生きる	109
行く	126, 135
意見が異なる	106, 109
意見を聞く	155
いじめる	92
遺贈する	147
忙しい	138
急ぐ	108, 130
痛む	121
傷める	79
一部	106
一瞥する	88
一生懸命に取り組む	117
移動する	88
違反する	139
イライラさせる	81
イライラする	103
いる	81, 83, 118
入れる	85
引用する	148

う

上	129
上に立つ	140

受かる	138		多い	117
受け入れる	151		覆う	124
受け取る	149		大きくする	76
後ろ	127		大笑いする	102
嘘をつく	123		置く	86, 88, 94, 157
疑う	112		送る	158
打ち明ける	70		遅れる	62
打ち克つ	117		起こす	71
打ち消す	100		起こる	107
打ち負かす	135		怒る	103, 124
打つ	106		おさえる	73
移す	88		教える	126
訴える	115, 142		押し返す	73
移る	138		押す	72
生まれる	81, 134		襲いかかる	101
埋め合わせをする	145		恐れる	112, 113, 120
裏切る	65, 131, 132		穏やかにする	133
羨む	151		落ち着かせる	93
うんざりする	129		落とす	90
運転する	134		脅す	63
運命づけられる	134		訪れる	69
運命づける	78		覚えている	82
			思い出させる	79, 139

え

影響を及ぼす	95		思い出す	82
選ぶ	66, 67		降りる	153
延期する	73		織る	114
援助する	137, 162		負わせる	124

演じる	91
演奏する	68

か

お

追いかける	108		解決する	146
終える	71, 113, 137		解雇する	144
			開催される	83
			開催する	142
			改善する	160

会談　143
会談する　81
介入する　102
開発する　146
会話する　155
害を与える　79
買う　151, 153
返す　94
帰る　108
変える　80
価格を上げる　120
かかっている　161
関わっている　121
関わる　141, 142
書く　124, 154
隠す　115
拡張する　76
隠れる　98
賭ける　102
貸す　94
数える　131
片付ける　136
勝つ　135
がっかりする　96
担ぐ　156
渇望する　110
活用させる　80
可能である　134
可能にする　63
被（かぶ）る　106
我慢する　97
髪を切る　137
から　127
からかう　126
体を洗う　104
借りている　105
借りる　125, 155
乾かす　118
考えている　76
考える　112, 136
歓迎する　87
関係を持つ　149
関して　64, 65, 133
感謝する　77
感じる　93, 107
関心をもつ　129
関する　65
完成させる　95

き

起因する　133
企画する　64, 118
希求する　121
訊く　155
聴く　74, 92, 159
期待する　148, 150
気づいている　128
きっかけとなる　86
気づく　75
傷つく　83, 84
傷つける　144
気にかける　99
寄付する　162
気分を害する　83
義務づける　109
決める　80, 149
吸収する　151
強化する　80

興味がある	129		結婚する	156
興味を持つ	101, 129		決定する	80
共鳴する	78		蹴る	68
共有者	154		研究する	112
許可する	64		権限を与える	87
拒絶する	73		検討する	160
切る	113, 137		権利がある	104, 152
着る	125			

こ

恋しく思う	97
恋に落ちる	96
合格する	138
交換する	80
公言する	91
交渉	128
向上する	96
更新する	139
控訴する	142
購読している	128
購入する	153
降伏する	82
超える	70
声をかける	152
告訴する	161
告白する	77
克服する	97, 117
志す	156
固執する	141
応える	76
答える	94, 141
こだわる	101
ことで	65
異なる	109, 154
断る	137

議論する	72, 98	
議論を収める	121	
気を遣う	98	
禁止する	63	
禁じられている	61	

く

駆除する	84
具体化する	70
区別する	75
繰り返す	108
来る	66
苦しむ	136
加える	78
軍隊に入る	97

け

計画する	118, 161
掲載される	78
形成する	141
警備する	62
刑務所に入れる	123
穢す	110
怪我をする	84
結果である	133
結果として	122

好む	88, 138		したがって	64
殺す	93		したくなる	98
恐がる	81, 144		下に	129
壊す	106		実現する	131
			知っている	85
さ			嫉妬する	151
再開する	107		失望させる	63
裁判にかける	88		失望する	61, 96, 127
探す	111		指摘する	75, 91, 148
叫ぶ	148		支配する	110
支える	162		支払う	158
捧げる	92		縛る	122
ささやく	125		自分を重ねて見る	78
させる	124		浸み込む	107
誘う	108		閉める	117, 136
寒い	149		謝罪する	74
触る	71, 133		邪魔をする	81, 91
参加	74		従事する	141
参加する	96, 150		柔軟である	69
賛成する	82, 87		自由にする	157
			手術する	135
し			受信する	151
試合をする	157		主張する	115
強いる	124		出席	74
支援する	131		出版される	102
資格がある	104		出版する	146
叱る	71, 124		順応する	87, 97
識別する	105		準備をする	83, 84, 99
試験を行なう	66		状況にある	134
仕事をする	138		招待する	79
指示する	81, 90		上達する	96
し過ぎる	91		承認する	64
次第である	161		情報を提供する	132
従う	159		譲歩する	82

証明する	78, 105
勝利する	70
職務を果たす	123
署名する	113
調べる	66, 112
知る	73
印をつける	137
侵攻する	144
診察を受ける	99
信じる	74
侵入する	145
心配をする	72, 113
信頼する	67, 74, 88, 137

す

遂行する	68
好きである	62
少ない	143
過ごす	68
勧める	92, 125
薦める	85
捨てる	105
住みつく	99
住む	70
する	71

せ

制圧する	73
生活する	109
成果である	133
生計を立てる	103
成功する	92
生産する	120
製造する	120
整頓する	136
征服する	123
勢力を拡大する	110
背負う	156
責任を擦り付ける	116
責任を持つ（がある）	61
接触	128
接する	134
説明する	86
絶滅させる	95
設立する	92
世話をする	116
宣言する	91
洗濯する	122
宣伝する	146
専門家	128
占領する	123

そ

相違がある	106
想起する	139
掃除する	135
相談する	99, 155
想定する	86
属する	155
組織する	64
注ぐ	95, 149, 159
尊敬する	122

た

対応	160
対応する	76, 99
退屈する	96
滞在する	156

対して	65
対照的に	65
退職する	102
代表する	119
対立	138
だから	128
抱きしめる	107
妥協	143
妥協する	102
たくさん〜をする	93
確かめる	104
出す	94
尋ねる	155
戦う	83, 125
叩く	106, 116
正す	162
立ち去る	140
立ち向かう	100
楽しむ	68, 118
頼む	69
頼る	67
断念する	99

ち

近い	136, 149
違う	154
近づく	71, 103
近づける	151
力を注ぐ	95
注意する	79
注意を払う	157
忠実である	82, 133
注文する	79
調査する	66
調整する	161
調停する	95
徴兵する	70
調理する	69

つ

追跡する	141
ついて	64, 133
通じる	69
使い過ぎる	112
使う	96
つかむ	62
付き従う	122
付き添う	125
着く	77
継ぐ	154
償う	124, 145
創り出す	119
創る	119
伝える	77
続ける	86
包む	140
綴る	63
務める	123
つながっている	121
繋がり	149
つなぐ	107
唾を吐く	120
摘む	126
つもりである	99
強める	108
連れて行く	78

て

出会う	144
定義する	76
抵抗する	100
抵抗力をつける	111
定住する	99, 100
提出する	91
手入れをする	116
出来るようにする	63
デザインする	141
手塩にかけて育てる	116
撤退する	136
手伝う	137, 140
手に入れる	94
出迎える	87
デモを行う	89
手渡す	131
手を洗う	114
天賦の才がある	134
電話する	103, 115, 148

と

同意する	87
同一視する	78
動機づける	86
統合する	130
投資する	95, 131
闘争	127
盗聴する	147
登録する	154
討論する	72
当惑させる	76
遠ざかる	103
遠ざける	94
通して	127
通り過ぎる	109, 139
解き放す	157
溶け込む	84
整える	142
とどめる	68
怒鳴る	148
飛ぶ	114
止める	90
共に行く	125
取り消す	67, 158
努力する	117
とる	94

な

ない	61
直す	162
中から	129
中に	65
泣く	67
失くす	62
投げる	118
為す	68
なぜなら	127
懐かしむ	97
名づける	152
悩ませる	92
なる	71, 82, 90
慣れている	153
慣れる	103

に

似合う	129

握る	62, 79
逃げ去る	87, 110
逃げる	69
似ている	72
入植させる	120
煮る	69
認識する	105
任命する	131

ぬ

盗み聞きする	147

ね

願う	62
熱心に育てる	116
熱中させる	89
眠らせる	93

の

能率を上げる	119
残す	94, 140
残る	84
除く	84
望む	113, 150, 154
ので	127, 128
上る	140
登る	116
昇る	116
飲み込む	67
乗り物で行く	135
乗る	140

は

パートナー	154
ハイジャックする	108
配達する	131
入り込む	107
入る	82
破壊する	93
馬鹿にする	125
量る	160
始まる	98
始める	98
橋渡しをする	71
恥をかかせる	76
働く	138
発行する	146
発展させる	146
話し合う	81
話をする	137, 155, 157
話す	72, 155
離す	86
離れている	153
離れる	84
反対する	82, 100, 130
反応	160
反応して	65

ひ

控える	83
比較すると	64
引き合わせる	89
引き落とす	109
引き裂く	117
引きつける	132
引き離す	90
引く	132
挽く	114

跪（ひざまず）く　124
ヒソヒソ話をする　125
浸す　114
引っ越す　139
必要である　147
必要とする　105
否定する　85, 100, 158
非難する　75
批判する　132
批評する　68
冷やす　152
評価する　74, 89
表現する　67, 76, 97
開く　150

ふ

封印する　113
笛を吹く　110
含まれる　121
含む　160
含める　123
負傷する　84
侮辱する　144
防ぐ　68, 131
二つに分ける　111
不平を言う　66, 100
振舞う　100
プレゼントする　89
触れる　71
紛失する　62
分析する　135

へ

減らす　90
変更する　159
編集する　142

ほ

方が良い　128
方向を変える　80
報告する　72
包装する　140
放っておく　86
報道する　72
訪問する　68, 69
法律を破る　139
誇る　97
保護を受ける　111
ほしがる　113
保証する　75
没収する　158
欲する　98, 154
ぼやけさす　117
翻訳する　163

ま

曲がる　145
まきこむ　142
巻く　106
撒く　159
混ぜる　130
間違いを指摘する　89
間違える　115
待つ　109
真っ直ぐにする　121
まとめる　70, 161
まとわりつく　122
学ぶ　126

間に合う　94
招く　79
ままにする　94
守られる　111
守る　130, 158
迷う　162
満足する　88

み

見せる　93
満たす　130
導く　77
見つける　132
見つめる　76
見積もる　89
認める　77, 85
見回る　62
耳を傾ける　124
見られる　80
見る　153

む

迎える　150
無関心である　61
剥く　151
向ける　156
無罪を言い渡す　105
難しい　103
結ぶ　152
無駄にする　66

め

命じる　147
命令する　145, 147
迷惑をかける　91
娶る　156
目を上げる　156
目を覚ます　101
目を通す　73
免疫力をつける　111
免除される　143
面倒をみる　72

も

網羅する　132
もたらす　71
持つ　79
持っていない　61
もてなす　122
求める　69
戻る　108, 156
ものである　155
催される　83
催す　150

や

約束する　75
約束を果たす　130, 150
雇う　89
破る　139
止める　90, 107

ゆ

遺言する　147
誘拐する　108
有効とする　64
優勝する　105
誘導する　90

有名になる	102
輸出する	119
輸入する	118
指差す	91
夢見る	109
揺るがす	142

よ

良い	128
要求する	73, 161
要約する	162
抑圧する	77
抑制する	73
横切る	111, 139
汚す	110
呼ぶ	152
読む	152
より	70, 88, 117, 138, 143
よる	161

ら

落第させる	85
落胆させる	63
落胆する	61, 127

り

理解する	76, 141
離婚する	98
留保する	87
利用する	135
料理する	69
旅行する	115

ろ

浪費する	66

わ

和解させる	146
和解する	95
分かる	74, 141
別れる	84
分ける	110, 111
忘れる	158
渡す	163
詫びる	74
笑う	147, 148
笑わせる	91
割り込む	102
悪い	70

著者紹介

アダ　タガー・コヘン（עדה תגר-כהן）

1957 年イスラエル・エルサレム生まれ。1987 年ヘブライ大学を優等で卒業（聖書学、古代近東学専攻）。1992 年ヘブライ大学にて修士号を最優等で修了（古代近東語学専攻）。2004 年ベン・グリオン大学大学院にて Ph.D.（ヒッタイト学）を取得。現在、同志社大学神学部神学研究科教授。専門は現代ヘブライ語、ユダヤ学、聖書学、そして古代近東学。アメリカのシカゴ大学（2014）やスイスのチューリッヒ大学（2017）にて客員研究員として滞在、2014 年にはヘブライ大学レイディー・デイヴィス・フェローを受賞している。

筆者は長年の現代ヘブライ語教職経験があり、また、ヘブライ語で数々の文法書や日本語でのヘブライ語教科書を出版している。その他の主な出版に *Hittite Priesthood* (Winter Verlag, 2006) ほか。

論文に「ユダヤ教における宗教教育」『キリスト教教育事典』（日本キリスト教団出版局、2010）、「ヒッタイト文書における儀礼の失敗に対する態度とその聖書との関係」『基督教研究』第 79 巻第 2 号 (同志社大学神学部基督教研究会、2017) ほか。

現代ヘブライ語における前置詞の重要性
ヘブライ語の歴史と発展に関する一考察

発行日　2018 年 2 月 28 日

著　者　アダ　タガー・コヘン
発行者　大石　昌孝
発行所　有限会社リトン
　　　　101-0061　東京都千代田区神田三崎町 2-9-5-402
　　　　電話 03-3238-7678 FAX 03-3238-7638
印刷所　互恵印刷株式会社

ISBN978-4-86376-063-9　　©Ada Taggar-Cohen ＜Printed in Japan＞